# DU BEAU

# DANS LA MUSIQUE

ESSAI DE RÉFORME DE L'ESTHÉTIQUE MUSICALE

PAR

## ÉDOUARD HANSLICK

Professeur à l'Université de Vienne

TRADUIT DE L'ALLEMAN

SUR LA CINQUIÈME ÉDITION

PAR CHARLES BANNELIER

PARIS

BRANDUS ET Cᵉ, ÉDITEURS DE MUSIQUE

103, RUE DE RICHELIEU

—

1877

# DU BEAU

# DANS LA MUSIQUE

ESSAI DE RÉFORME DE L'ESTHÉTIQUE MUSICALE

# DU BEAU
# DANS LA MUSIQUE

## ESSAI DE RÉFORME DE L'ESTHÉTIQUE MUSICALE

PAR

## ÉDOUARD HANSLICK

Professeur à l'Université de Vienne

TRADUIT DE L'ALLEMAND

SUR LA CINQUIÈME ÉDITION

## PAR CHARLES BANNELIER

PARIS

BRANDUS ET Cⁱᵉ, ÉDITEURS DE MUSIQUE

103, RUE DE RICHELIEU

1877

# A MADAME FRÉDÉRIC SZARVADY

## (WILHELMINE CLAUSS)

## SOUVENIR AMICAL

ET

## HOMMAGE A LA GRANDE ARTISTE

*ÉD. HANSLICK.*

# PRÉFACE



Cette cinquième édition ne se distingue de la troisième
(1865) et de la quatrième (1874) par aucune modification
importante ; elle n'a reçu çà et là que quelques additions et
des changements de pure forme. Mes convictions sont res-
tées les mêmes ; les positions des partis musicaux n'ont pas
varié davantage ; on se regarde seulement d'un air un peu
plus rébarbatif. Le lecteur me permettra donc de répéter
ici les remarques dont la troisième édition était accom-
pagnée. ·D'abord, je tiens à dire que j'ai très-nettement
conscience des défauts de ce livre ; mais des dévelop-
pements comme ceux-ci, qui sont devenus ma pensée de
chaque jour et découlent par la force des choses du
principe sur lequel repose ma foi esthétique, sont
d'année en année plus difficiles à modifier. D'ailleurs l'ac-
cueil, favorable au delà de toutes mes espérances, qui a été
fait aux précédentes éditions, et l'intérêt bien flatteur pour
moi avec lequel ce succès a été signalé par des hommes
comme Vischer, Strauss, Lotze, Lazarus, etc., et surtout,
dans ces derniers temps, par Helmholtz, m'ont prouvé que

mes idées, même dans la vivacité et le décousu de leur expression primitive, étaient tombées en bonne terre.

Des adversaires passionnés m'ont attribué l'intention de faire la guerre à tout ce qui touche au sentiment; mais tout lecteur sans parti pris pourra se convaincre sans peine, avec un peu d'attention, que je me borne à protester contre l'immixtion abusive du sentiment dans la science; c'est-à-dire que je combats les songe-creux qui, affichant la prétention d'instruire les musiciens, ne font qu'exposer devant eux leurs rêves d'hallucinés. Je suis parfaitement d'avis qu'en dernière analyse, le beau reposera toujours sur l'évidence immédiate du sentiment; mais je suis fermement persuadé aussi qu'on aura beau en appeler à tout instant au sentiment, il ne sortira jamais de ces recours banals une loi musicale quelconque.

Cette conviction résume la partie du présent essai que je pourrais appeler négative, et qui est dirigée surtout et avant tout contre l'opinion généralement admise, que la musique doit « exprimer des sentiments ». Il n'y a d'ailleurs pas lieu d'examiner comment on peut tirer de là une négation absolue du sentiment dans la musique. La rose exhale un parfum, mais l'*expression* de l'idée de parfum ne lui est pas inhérente; la forêt répand une fraîcheur ombreuse, mais elle *n'exprime pas* le sentiment de l'ombre et de la fraîcheur. Et ce n'est pas là une querelle oiseuse de lexicologie; le sens attaché communément au mot en question a introduit les plus grandes erreurs dans l'esthétique musicale. *Exprimer* quelque chose implique toujours deux facteurs différents et séparés, dont l'un est appliqué occasionnellement à l'autre par un acte particulier.

Emmanuel Geibel a rendu cette idée par une image heureuse, d'une manière plus frappante et plus claire que ne peut le faire le langage philosophique, dans ces vers de ses *Nouvelles poésies* (1857) :

> Pourquoi ne réussis-tu jamais à peindre la musique avec des mots ?
> Parce que, pur élément, elle dédaigne le pinceau et la parole.
> Le sentiment est comme le fond tranquille et transparent d'un fleuve ;
> Au-dessus se précipite, gonflé et rapide, le torrent sonore de la musique (1).

Si, au surplus, ce beau quatrain a été écrit, comme j'ai lieu de le supposer, sous l'impression du retentissement qu'a eu mon modeste ouvrage, je puis croire que ma manière de voir, accusée d'hérésie principalement par les esprits poétiques, ne fait pas trop mauvais ménage avec la vraie poésie.

A la proposition négative en correspond une positive, que je formule ainsi : La beauté d'une œuvre musicale est *spécifique à la musique*, c'est-à-dire qu'elle réside dans les rapports des sons, sans égard à une sphère d'idées étrangères, extra-musicales.

Mon but a été de porter, sans passion et en toute conscience, la lumière d'une façon complète dans cette question du « Beau dans la musique », la vraie question de vie dans notre art, celle où se trouve la règle supérieure de son esthétique. Si cependant l'élément polémique devient parfois prépondérant dans mon langage, j'espère qu'on me le pardonnera en tenant compte des circonstances au milieu

_______________

(1) Warum glückt es dir nie, Musik mit Worten zu schildern ?
Weil sie, ein rein Element, Bild und Gedanken verschmäht.
Selbst das Gefühl ist nur wie ein sanft durchscheinender Flussgrund,
Drauf ihr klingender Strom schwellend und sinkend entrollt.

desquelles ces pages ont été écrites. C'était le moment où les coryphées de la musique de l'avenir élevaient le plus la voix ; ils ont naturellement entraîné à une réaction les hommes de ma religion artistique. Lorsque je donnai la deuxième édition, les symphonies à programme de Liszt étaient venues tout récemment à la rescousse ; la musique y était dépouillée, d'une manière bien plus complète que nous ne l'avions vu jusque-là, de toute importance propre, de toute valeur intrinsèque et exclusive, et n'était plus présentée à l'auditeur que comme un moyen d'évoquer des visions dans son esprit. Depuis lors, nous avons eu aussi *Tristan et Iseult*, *l'Anneau du Nibelung* et la doctrine de la « mélodie infinie », c'est-à-dire l'absence de forme érigée en principe, l'ivresse de l'opium dans le chant et dans l'orchestre, pour le culte de laquelle un temple a été spécialement érigé à Bayreuth.

Qu'on veuille donc bien m'excuser si, en présence de tels faits et de tels symptômes, je n'ai pas senti le besoin d'atténuer ou d'abréger la partie polémique de mon livre ; je n'en ai insisté qu'avec plus de force sur la seule chose impérissable dans notre art, sur le beau musical tel que nos grands maîtres nous l'ont montré, et tel que les vrais artistes, les créateurs de génie, le maintiendront toujours.

Éd. H.

Vienne, juin 1876.

# DU BEAU
# DANS LA MUSIQUE

## ESSAI DE RÉFORME DE L'ESTHÉTIQUE MUSICALE

## CHAPITRE PREMIER

### L'ESTHÉTIQUE DU SENTIMENT

Ce qu'on a dit jusqu'ici de l'esthétique musicale est presque entièrement basé sur une fausse donnée : à savoir, que cette science doit s'occuper moins d'approfondir ce qui est beau dans la musique en elle-même, que de dépeindre les sentiments que la musique éveille en nous. Cette direction donnée à l'étude correspond parfaitement au point de vue des anciens systèmes esthétiques, qui ne considéraient le beau que dans son rapport avec l'effet produit sur nous par ses manifestations, et avaient, en conséquence, dénommé la philosophie du beau d'après l'origine qu'ils lui attribuaient, c'est-à-dire le sentiment (αἴσθησις).

Antiphilosophiques au premier chef, ces systèmes revêtent, en flottant sur les cimes les plus éthérées de l'art, une teinte sentimentale qui peut être extrêmement séduisante et même vivifiante pour les belles âmes, mais d'où les esprits qui ont soif de savoir tireront bien peu de lumière. Celui qui veut parvenir à pénétrer dans son essence l'art musical désire aussi échapper à la domination mystérieuse et vague du sentiment, e non, — ainsi qu'il arrive dans la plupart des traités, — être à tout instant renvoyé à ce même sentiment comme à la raison de tout.

La tendance vers une connaissance des choses aussi *objective* que possible, c'est-à-dire complétement dégagée du « moi » et considérant ces choses en elles-mêmes, se fait sentir de nos jours dans toutes les branches du savoir humain ; elle doit nécessairement influer aussi sur la recherche du beau. Mais recherche et tendance ne seront réellement en harmonie que si l'esthéticien moderne renonce à une méthode qui part du sentiment *subjectif*, du « moi », et, après avoir exécuté une poétique promenade tout autour de la matière à traiter, revient finalement au point de départ, — au sentiment. Pour que l'étude du beau ne conduise pas à un résultat illusoire, il faut qu'elle se rapproche de la méthode scientifique naturelle, d'assez près, au moins, pour prendre l'œuvre artistique corps à corps, et pour en trouver la partie *objective*, celle qui reste après élimination des mille formes contingentes de l'impression reçue.

L'esthétique de la poésie et des arts du dessin est bien plus avancée que celle de la musique. Ce progrès tient à une double cause.

D'abord, ceux qui l'ont étudiée se sont, pour la plupart, gardés de cette erreur, que l'esthétique d'un art déterminé est facile à tirer des principes généraux, de l'idée métaphysique du beau, sans tenir compte des nombreuses modifications que reçoit cette idée primordiale suivant l'art auquel on l'applique. Les esthétiques spéciales ont servilement dépendu jusqu'ici, chez beaucoup d'auteurs, du principe métaphysique suprême d'une esthétique générale ; mais cette manière de voir est en voie de céder la place à une conviction plus saine, qui considère chaque art comme devant être étudié dans sa destination technique propre et compris en lui-même et par lui-même. Le *système* est remplacé peu à peu par l'*étude*; et celle-ci a pris pour point de départ cet axiome, que les lois du beau dans un art sont inséparables du caractère propre au matériel de cet art, à sa technique.

En second lieu, les esthéticiens de la poésie et des arts du dessin, de même que les critiques d'art, qui sont comme leurs praticiens, ont établi déjà et appliquent régulièrement le principe qui veut que, dans les études esthétiques, on s'occupe avant tout de l'objectif artistiquement beau, et non du sujet qui en ressent l'impression.

Telle est la direction positive que semble suivre assez généralement aujourd'hui la conscience artistique dans les arts non musicaux. Un poëte ou un peintre ne se persuade plus guère maintenant qu'il s'est rendu compte du genre de beau particulier à son art parce qu'il a recherché quels sentiments éveillerait son drame ou son tableau. Il s'efforcera de découvrir *pourquoi*, par quelle puissance inéluctable son œuvre plaît, et la raison qui fait qu'elle plaît de cette manière et non autrement.

La musique seule paraît n'avoir pas encore pu se placer à ce salutaire point de vue. Elle sépare rigoureusement ses règles grammaticales et théoriques des recherches esthétiques, et maintient autant que possible les premières dans le domaine purement et sèchement intellectuel, tandis qu'elle donne volontiers aux secondes une impulsion dans le sens du lyrisme et du sentimentalisme. Se placer nettement, résolûment, en face des éléments qui constituent le beau dans la musique, existant séparément et par lui-même, est un effort que l'esthétique musicale n'a pas encore osé tenter. En attendant, le « sentiment » continue à faire des siennes au grand jour, comme jadis. Après comme avant, le beau musical est considéré exclusivement dans les effets qu'il produit, et les livres, les critiques et les conversations confirment chaque jour cette vieille erreur, que la passion ou l'émotion est la seule base esthétique de la musique, et que c'est à elle seule qu'il appartient de fixer les limites dans lesquelles peut s'exercer le jugement porté sur une œuvre.

La musique, nous dit-on, ne pouvant intéresser l'intelligence par des idées, comme la poésie, ni l'œil par des formes visibles, comme les arts du dessin, a donc pour destination d'agir sur les sentiments des hommes. « La musique n'a affaire qu'au sentiment », affirment les traités d'esthétique. En quoi consiste la corrélation de la musique avec le sentiment, de certaines œuvres musicales avec certains sentiments, quelles lois de la nature la régissent, d'après quelles lois de l'art il faut lui donner une forme, voilà ce qu'ont laissé complétement dans l'ombre ceux qui « ont eu affaire » à la question.

L'œil une fois habitué à cette obscurité, on arrive à découvrir que le sentiment joue un double rôle dans la manière généralement adoptée de considérer la musique. Ou bien on assigne à cet art pour destination d'éveiller des sentiments, de « beaux » sentiments ; ou bien on représente les sentiments comme inhérents à la musique et exprimés par l'œuvre d'art. Les deux définitions ont cela de commun qu'elles sont aussi fausses l'une que l'autre.

Nous n'aurons pas grand temps à perdre pour réfuter la première, qui sert d'introduction à la plus grande partie des manuels de musique. Le beau n'a en général aucun but, car il n'est autre chose qu'une forme, laquelle, à la vérité, peut être employée aux buts les plus divers, suivant la nature de ce qu'elle enveloppe, mais qui, quant à elle, n'a d'autre fin qu'elle-même. Si des sentiments agréables se produisent chez celui qui contemple le beau, ces sentiments n'ont rien à voir avec le beau, considéré en lui-même et abstraitement. Je puis bien produire du beau devant ce spectateur avec l'intention de lui faire trouver du plaisir au spectacle, mais la beauté même de l'œuvre est tout à fait indépendante de ce but que je me propose. Le beau est et reste beau, même quand il n'éveille aucun sentiment, même quand personne n'est en contact avec lui ; il existe *pour* le plaisir de celui qui le contemple, et non *en raison* de ce plaisir.

Il ne saurait donc être question de *but* en musique dans le sens que nous venons de voir ; et le fait que la musique est dans une corrélation des plus intimes avec nos sentiments n'autorise nullement à voir dans cette corrélation sa signification esthétique.

Pour étudier de plus près ce côté de la question, il faut d'abord établir la différence capitale qui existe entre le *sentiment* et la *sensation*, — différence qu'on peut d'ailleurs, sans trop d'inconvénient, négliger dans la conversation usuelle.

La sensation est la perception d'une qualité matérielle, par exemple, d'un son, d'une couleur, par le moyen de nos sens. Le sentiment est la conscience acquise d'une modification dans l'état de notre âme, soit par un mouvement en avant, soit au contraire par une compression, c'est-à-dire la conscience d'un bien-être ou d'un malaise. Lorsque je perçois simplement, au moyen de mes sens, la forme, la couleur, le son, le goût ou l'odeur d'une chose, j'ai la sensation de ces qualités ; quand la tristesse, l'espérance, la joie ou la haine m'élèvent d'une façon appréciable au-dessus du niveau habituel de mon âme ou m'abaissent au-dessous, j'éprouve un sentiment (1).

Le beau frappe d'abord nos sens ; il a cela de commun avec tout ce qui se manifeste. La sensation est le commencement et la condition du plaisir esthétique et forme la base du sentiment, qui suppose toujours un rapport, et souvent les rapports les plus compliqués. Pour provoquer des sensations, il n'est pas besoin de l'art ; un seul son, une seule couleur peuvent les produire. Comme nous l'avons dit, les deux expressions sont souvent prises indifféremment l'une pour l'autre ; dans les anciens ouvrages surtout, on nomme généralement *sensation* ce que nous appelons aujourd'hui *sentiment*. La musique devrait donc, d'après ces écrivains, exciter en nous des sentiments et nous remplir tour à tour de joie, de tristesse, de piété, etc.

Cependant, ni l'art musical, ni aucun autre n'ont, en réalité, une destination semblable. L'art doit, avant tout, exprimer le beau. La faculté par laquelle nous recevons l'impression du beau n'est point le sentiment, mais l'imagination, c'est-à-dire l'état actif de la contemplation pure.

Il est remarquable que ni les musiciens ni les esthéticiens d'autrefois ne sortent, dans leurs théories, du contraste entre le sentiment et l'intelligence, comme si le nœud de la question ne se trouvait pas précisément *entre* les termes de ce prétendu dilemme. L'œuvre musicale émane de l'imagination de l'artiste pour s'adresser à l'imagination de l'auditeur. Au point de vue du beau, l'imagination n'est pas seulement, à proprement parler, une simple contemplation, mais une contemplation intelligente, c'est-à-dire la réunion de l'image présentée à l'esprit et du jugement ; ce dernier, naturellement, s'émettant avec une telle rapidité que nous restons inconscients des phases diverses du phénomène, et que nous croyons immédiat et

---

(1) Les anciens philosophes sont d'accord avec les physiologistes modernes pour cette manière de définir la sensation et le sentiment, et nous avons dû la préférer absolument à la classification de l'école de Hegel, qui distingue, comme on sait, des sensations intérieures et extérieures.

instantané ce qui nécessite réellement une opération complexe de l'esprit. Le mot « contemplation » (*anschauung*), passé depuis longtemps du domaine de la vision matérielle dans celui des phénomènes spirituels, s'appliquerait d'ailleurs parfaitement à l'acte de l'audition attentive, qui n'est autre chose qu'une considération successive des couleurs sonores. L'imagination n'est point ici un champ étroitement circonscrit et fermé ; elle tire des sensations l'étincelle qui lui donne la vie, mais elle féconde tout aussitôt de ses rayons l'intelligence et le sentiment entrés en activité.

C'est dans la contemplation pure que l'auditeur jouit de l'œuvre musicale. Tout attrait matériel doit lui être étranger ; et c'en est un que la tendance à provoquer en soi-même des émotions. L'action du beau sur l'intelligence seule est du ressort de la logique, non de l'esthétique ; pour l'étudier sur le sentiment seul, il faudrait dévier davantage encore et avoir recours à la pathologie.

Ces principes, développés depuis longtemps par l'esthétique générale, ont leur application dans tous les arts. Si donc on traite de la musique en tant qu'art, il faut reconnaître l'imagination et non le sentiment comme son terrain esthétique. Il nous paraît sage de poser ces prémisses, car, avec l'énergie qu'on met sans relâche à vouloir « adoucir les passions humaines par la musique », il est réellement difficile, parfois, de savoir s'il est question de l'art des sons ou de règles de police, de pédagogie ou de médecine.

Les musiciens ne donnent guère dans l'erreur qui consiste à considérer tous les arts comme relevant du sentiment, dans lequel ils sont plutôt portés à voir quelque chose de tout spécial à la musique. Le pouvoir d'éveiller des émotions agréables, et la tendance nécessaire vers ce but, caractériseraient donc pour eux la musique plutôt que les autres arts (1).

Mais nous ne pouvons pas plus assigner un pareil rôle à la

---

(1) Dans tous les ouvrages où la sensation n'a pas été distinguée du sentiment, il ne peut être question d'une étude approfondie des caractères spéciaux de ce dernier : les sentiments sensuels et intellectuels, la forme chronique de la disposition d'esprit, la forme aiguë de l'émotion, le penchant et la passion, de même que les diverses

musique que nous ne l'avons admis pour les arts en général.
L'imagination, nous l'avons dit, est le seul organe de perception du beau: après avoir été frappée par lui, elle exerce,
à son tour, une action sur le sentiment, et cela dans tous les
arts. Un grand tableau d'histoire ne nous émeut-il pas aussi
puissamment qu'un événement? les madones de Raphaël ne
nous disposent-elles pas à la piété? les paysages de Poussin ne
nous font-ils pas soupirer après la campagne? l'aspect de la
cathédrale de Stra-bourg reste-t-il sans effet sur notre âme? La
réponse ne saurait être douteuse. Il en est de même en poésie
et aussi dans d'autres formes de l'activité intellectuelle qui ne
sont point du domaine de l'esthétique, telles que l'éloquence,
l'édification d'un auditoire par le prédicateur, etc. Les autres
arts ont donc également une influence assez forte sur le sentiment, et c'est sur le degré variable de cette influence qu'il y
aurait lieu de baser la prétendue différence de principe existant
entre eux et la musique. Mais une pareille échappatoire est
tout à fait antiscientifique, sans compter qu'il est par trop
commode de laisser à chacun le soin de décider si l'on est ému
plus fortement et plus profondément par une symphonie de
Mozart que par une tragédie de Shakespeare, par une poésie de
Uhland que par un rondo de Hummel. Que si l'on dit que la
musique agit immédiatement sur le sentiment, tandis que les
autres arts n'agissent que par l'intermédiaire de l'intelligence,
nous répondrons qu'on commet la même erreur en employant
d'autres termes; car, comme nous avons vu, les sentiments ne
sont sous l'influence du beau musical qu'en seconde ligne, et
ne relèvent immédiatement que de l'imagination. L'analogie
qui rapproche la musique de l'architecture a été mille fois
indiquée dans les ouvrages d'esthétique. Est-il jamais venu à
l'esprit d'un architecte raisonnable de dire que son art a pour
but d'exciter des sentiments, ou que les sentiments y sont inhérents, en font partie intégrante?

Toute véritable œuvre d'art s'impose à notre faculté de sentir,

---

nuances que comporte celle-ci dans toute l'extension du sens donné
au *pathos* des Grecs et à la *passio* des néo-Latins, tout cela a été nivelé
dans un mélange très-confus. Ce n'est qu'ainsi qu'on a pu dire de
la musique qu'elle est, par privilége, *l'art de faire naître des sentiments.*

mais seulement sous certains rapports, et jamais complétement
et exclusivement. D'où il suit qu'une appréciation de la musique
d'après son effet sur le sentiment ne signifie rien pour la détermination de son principe esthétique.

Et cependant c'est toujours à ce point de vue qu'on se place
pour essayer de pénétrer dans l'essence de la musique ; c'est
toujours en décrivant la sensation qu'elle a produite qu'on commence le compte rendu d'une œuvre musicale ; c'est d'après sa
propre impression, l'impression subjective, que le critique dis-
tribue l'éloge et le blâme. Comme si l'on estimait le vin suivant
la facilité avec laquelle on s'enivre en le buvant ! La manière
dont se comporte notre sentiment en présence du beau, de
quelque genre qu'il soit, ressortit à la psychologie plutôt qu'à
l'esthétique. Que l'effet de la musique soit grand ou petit,
il faut s'en tenir à elle, rester dans son domaine, si l'on
veut approfondir sa nature. Hegel a démontré péremptoirement
que l'étude des sensations produites par une œuvre d'art manque
tout à fait de précision et n'a point d'objectif concret et spécial.
« Ce qui est senti, dit-il, reste enveloppé dans la forme de la
subjectivité individuelle la plus abstraite ; c'est pourquoi les
caractères de la sensation sont de pures abstractions, et non
pas, à proprement parler, ceux de la chose elle-même. » (*Esthétique*, I, 42.)

Si un pouvoir spécifique sur nos impressions est propre à la
musique (ce que nous examinerons bientôt de plus près), il faut
se prémunir avec soin contre l'action de ce charme, pour arriver
jusqu'à sa cause. En attendant que cette méthode s'impose, nous
voyons mêler sans cesse l'impression sentimentale et le beau
musical, au lieu de les considérer isolément et d'une manière
scientifique. On s'attache à l'effet incertain et variable, au lieu
de pénétrer au fond de l'œuvre elle-même et de chercher à expliquer, par les lois de son organisme particulier, ce qu'elle
contient réellement, en quoi consiste le beau qui réside en
elle. On part de l'impression subjective pour aller interroger la
nature de l'art ; c'est conclure du dépendant à l'indépendant,
du conditionnel à l'inconditionnel.

Le sentiment ne peut donc, en général, servir de base à des
lois esthétiques ; il y a d'ailleurs plus d'une observation à faire
sur son peu de sûreté en musique. La connexion d'une œuvre
musicale avec les sentiments qu'elle excite n'est pas, comme

on dit en philosophie, *nécessairement causale*. Selon les nationalités, les tempéraments, les âges et les circonstances, et même, à égalité de ces conditions, chez divers individus, la même musique produira des effets bien différents. Nous n'avons pas besoin d'aller déranger les Indiens et les Caraïbes, troupes de réserve habituelles de l'esthéticien qui veut batailler sur la diversité des goûts ; il nous suffira, pour faire notre preuve, d'un public ordinaire de concert en Europe. La moitié de ce public trouvera dans les derniers quatuors de Beethoven, dans les cantates de Bach, la source de ses plus vives émotions ; l'autre n'y verra que de la musique « difficile à comprendre », ces œuvres ne lui « diront rien ». Aujourd'hui, tel morceau de musique nous fait jaillir les larmes des yeux ; demain il nous laissera calmes. Mille causes extérieures peuvent en modifier l'effet d'autant de manières différentes, ou même l'annuler entièrement. La corrélation des œuvres musicales avec certaines dispositions d'esprit n'existe pas nécessairement, partout et toujours.

Là même où nous nous bornons à considérer l'effet présent, produit actuellement, nous découvrons souvent que ses éléments sont conventionnels et non nécessaires. Ce n'est pas seulement dans la forme et dans les usages, mais encore dans la manière de penser et de sentir, qu'il s'établit, avec le temps, quelque chose d'uniforme, de commun à tous ; nous croyons pénétrer, au moyen de ces notions acquises par routine, dans la nature des choses, qui ne s'en doutent pas plus que les lettres de l'alphabet ne savent la signification qu'elles ont pour nous. C'est le cas, surtout, pour les divers genres de musique appropriés à des destinations que nous pourrions appeler externes, comme les compositions religieuses, guerrières ou théâtrales. Dans ces dernières, on trouve une véritable terminologie pour les sentiments les plus divers, terminologie qui devient si familière aux compositeurs et au public d'une époque, que les uns et les autres n'ont pas le moindre doute sur sa valeur, à l'exclusion de toute autre. Mais le doute vient fort bien aux générations suivantes. Combien de fois ne nous a-t-il pas paru étrange que nos pères aient pu accepter telle formule musicale comme l'expression exacte de tel sentiment !

La manière d'écouter, la manière de sentir changent avec les temps et les mœurs. La musique reste la même, mais son effet se modifie suivant l'éducation ou les conventions dont l'esprit est devenu l'esclave. Une des nombreuses preuves que nous pourrions donner de la facilité avec laquelle notre sentiment se laisse prendre aux plus mesquins artifices nous est fournie par les morceaux de musique instrumentale munis d'une épigraphe ou d'un titre descriptif. Dans les plus insignifiantes élucubrations pour le piano, où le meilleur microscope ne ferait absolument rien découvrir, on est tout de suite disposé à voir un « Soir avant la bataille », un « Jour d'été en Norvége », une « Aspiration vers la mer », ou toute autre absurdité, si la couverture a eu l'audace d'affirmer que tel était le sujet du morceau. Les titres descriptifs donnent à notre imagination et à notre sentiment une direction que nous attribuons trop souvent à la musique elle-même : crédulité contre laquelle on ne peut mieux faire que de recommander l'excellente plaisanterie d'un changement de titre.

Ainsi, l'effet de la musique sur le sentiment n'a aucun de ces trois caractères : nécessité, constance, exclusivité, qu'un phénomène devrait offrir pour constituer un principe esthétique.

Loin de nous l'idée de dédaigner ces sentiments puissants que la musique tire de leur sommeil, ces émotions douces ou tristes, ces rêveries charmantes dans lesquelles elle nous berce. C'est un des plus beaux et des plus admirables mystères que ce privilége de l'art de provoquer de tels états de l'âme, sans aucun mobile terrestre et comme par la grâce de Dieu. Nous n'élevons ici la voix que contre la transformation abusive et anti-scientifique de ces faits en principes esthétiques. Le plaisir et la douleur peuvent être excités à un haut degré par la musique ; cela est incontestable. Mais ne le sont-ils pas aussi, et plus encore peut-être, le premier par le gain d'un gros lot à la loterie, la seconde par la maladie mortelle d'un ami ? Tant qu'on hésitera à mettre sur le même rang un billet de loterie et une symphonie, une consultation de médecins et une ouverture, on n'aura pas le droit de traiter les émotions dont nous parlons comme spéciales à la musique ou à une œuvre musicale déterminée. En dernière analyse, il faudra en arriver simplement à considérer la manière spécifique dont ces émotions sont excitées par la musique. Nous étudierons en détail, dans les chapitres IV et V, les effets de la musique sur le sentiment, et nous rechercherons les côtés positifs de ce remarquable rapport esthétique. Quant à son côté négatif, nous ne pouvions y insister avec trop de force, dès le début de cet Essai, comme protestation contre un principe que la science réprouve.

*Observation.* — Il ne nous paraît guère nécessaire, pour le but que nous venons d'exposer, de mentionner, en même temps que les théories que nous combattons, les noms de leurs auteurs : ils s'appellent légion. De plus, ces théories sont beaucoup moins le produit de convictions personnelles que la reproduction d'une manière de voir devenue générale. Quelques citations de musicographes anciens et modernes trouveront cependant place ici, mais seulement pour donner une idée de l'empire qu'est arrivée à exercer l'opinion en question, érigée en axiome.

MATTHESON : « Dans toute mélodie, nous devons nous proposer pour but principal une émotion de l'âme (ou plusieurs, si la situation y prête). » — *Vollkomm. Capellmeister*, p. 143.

NEIDHARDT : « Le but final de la musique est d'exciter *toutes les passions* par de simples sons et par leur rhythme, aussi bien que le meilleur orateur. » — Préface de la *Temperatur*.

J.-N. FORKEL : « Les *figures* en musique sont la même chose qu'en rhétorique et en poésie, c'est-à-dire la mise en œuvre des manières diverses d'exprimer les sentiments et les passions. » — *Ueber die Theorie der Musik*, Göttingen, 1777, p. 26.

J. MOSEL définit la musique : « l'art d'exprimer des sentiments déterminés par des sons réglés. »

C.-F. MICHAELIS : « La musique est l'art d'exprimer des sentiments par la modulation des sons. Elle est la langue des passions, etc. » — *Ueber den Geist der Tonkunst*, 2ᵉ Essai, 1800, p. 29.

MARPURG : « Le but que doit se proposer le compositeur dans son travail est d'imiter la nature.... d'exciter les passions à son gré..., de dépeindre d'après la vie les mouvements de l'âme, les tendances du cœur. » — *Krit. Musikus*, 1650, t. I, § 40.

W. HEINSE : « Le but principal de la musique est d'imiter ou plutôt d'exciter les passions. » — *Musikal. Dialoge*, 1805, p. 30.

J.-J. ENGEL : « Une symphonie, une sonate, etc., doivent renfermer l'expression suivie d'une passion, dérivant en mille sentiments divers. » — *Ueber musikalische Malerei*, 1780, p. 29.

J.-Ph. KIRNBERGER : « Une mélodie (thème) est une phrase intelligible dans la langue du sentiment, faisant entrer l'auditeur sensible dans l'état de l'âme auquel la mélodie est appropriée. » — *Kunst des reinen Satzes*, 2ᵉ partie, p. 152.

PIERER : « La musique est l'art d'exprimer par de beaux sons les sentiments et les états de l'âme. Elle est au-dessus de la poésie.

qui n'est apte à rendre que ce que l'intelligence seule peut percevoir (!), tandis que la musique exprime des sentiments et des dispositions de l'âme que les mots ne sauraient expliquer. » — *Universallexikon*, 2e édition.

G. Schilling donne la même explication, à l'article « Musik » dans son *Universallexikon der Tonkunst*.

Koch définit la musique : « l'art d'exprimer par des sons un jeu agréable des sensations. » — *Musik. Lexikon*, au mot « Musik ».

A. André : « La musique est l'art de produire des sons qui dépeignent, provoquent et entretiennent des sentiments et des passions. » — *Lehrbuch der Tonkunst*, t. I.

Sulzer : « La musique est l'art d'exprimer nos passions par des sons, comme elles s'expriment dans le discours par des mots. » — *Theorie der schönen Künste*.

J.-W. Böhm : « Ce n'est ni à notre intelligence, ni à notre raison, mais seulement à nos facultés sensibles, que s'adressent les sons des cordes harmonieuses. » — *Analyse des Schönen der Musik*. Vienne, 1830, p. 62.

Gottfried Weber : « La musique est l'art d'exprimer des sentiments par les sons. » — *Theorie der Tonsetzkunst*, 2e édition, t. I, p. 15.

F. Hand : « La musique exprime des sentiments. Tout sentiment, tout état de l'âme a en soi, et par conséquent aussi dans la musique, ses sons et son rhythme particuliers. » — *Aesthetik der Tonkunst*, t. I, § 24.

Amadeus Autodidactus : « La musique ne naît et ne prend racine que dans le monde des sentiments et des sensations. Des sons musicalement mélodieux (!) ne résonnent pas pour l'intelligence, qui ne fait que décrire et disséquer les sentiments,... ils ne parlent qu'à l'âme, etc. » — *Aphorismen über Musik*. Leipzig, 1847. p. 329.

Fermo Bellini : « La musique est l'art d'exprimer les sentiments et les passions par le moyen des sons. » — *Manuale di musica*, Milan, Ricordi. 1854.

Friedrich Thiersch : « La musique est l'art d'exprimer ou d'exciter des sentiments ou des dispositions de l'âme par le choix et la réunion des sons. » — *Allgemeine Aesthetik*. Berlin. 1846, § 18, p. 101.

A. von Dommer : « Le but de la musique est de faire naître en nous des sentiments, et, par ces sentiments, des images. » — *Elemente der Musik*. Leipzig, 1862, p. 174.

# CHAPITRE II

## L'EXPRESSION DES SENTIMENTS N'EST PAS RENFERMÉE DANS LA MUSIQUE

Comme conséquence, et, en même temps, comme correctif de la théorie qui assigne à la musique pour but final le sentiment, on a formulé cet aphorisme : « La musique exprime les sentiments qu'elle contient »; ou, en d'autres termes, plus rigoureusement exacts : « Les sentiments sont le *contenu* d'elle-même que la musique doit exprimer. »

L'étude philosophique d'un art conduit, dès le début, à la recherche de ce qu'il renferme, de ce qui constitue son essence. A chacun des arts est approprié un cercle d'idées qui sont rendues perceptibles par des moyens spéciaux : le son, la parole, la couleur, la pierre, etc. L'œuvre d'art donne donc à une idée déterminée la forme particulière qui réunit les caractères du beau; cette idée, la forme qui la rend sensible, et l'unité grâce à laquelle elles font un tout, sont les conditions nécessaires à la compréhension du beau, conditions qui doivent être la base de toute étude vraiment philosophique d'un art quelconque.

Le sujet (le contenu, *inhalt*) d'une œuvre poétique, picturale ou sculpturale peut aisément s'exprimer par des mots; l'intelligence en recevra une idée suffisamment précise. Nous disons : Cette statue représente un gladiateur, ce tableau une bouquetière, ce poème chante les exploits de Roland. Nous portons ensuite un jugement sur la beauté de l'œuvre; c'est ce jugement qui établit pour nous l'épanouissement plus ou moins parfait, dans la manifestation artistique, du *contenu* ainsi déterminé.

Quant à la musique, on s'est généralement accordé jusqu'ici pour dire que ce qu'elle renferme essentiellement, c'est la gamme complète des sentiments humains; et cela parce qu'on croyait trouver dans les sentiments l'opposé de la perception intellectuelle, définie et précise, et, par conséquent, la différence réelle entre l'idéal de la musique et celui de la poésie et des arts du dessin. Il suit de là que les sons et tout l'arsenal de leur mise en œuvre ne seraient que le matériel, les moyens extérieurs, employés par le compositeur pour exprimer l'amour, la colère, la piété, l'extase. Les sentiments, dans leur infinie diversité, représenteraient l'*idée* s'incarnant dans le son pour habiter sur terre, sous la *forme* d'œuvre d'art musicale. Ce qui nous transporte et nous ravit dans une belle mélodie, dans une puissante ou ingénieuse harmonie, ce ne serait pas la mélodie ni l'harmonie elle-même, mais ce qu'elles signifient : le doux murmure de la tendresse, l'impétuosité de la bravoure.

Pour nous établir sur un terrain solide, nous devons, d'abord, séparer hardiment ces métaphores réunies par un lien dont l'ancienneté seule fait la force : le *murmure*, oui, mais non la tendresse; l'*impétuosité*, oui, mais non la bravoure. Car, en fait, la musique est dépourvue de moyens d'exprimer autre chose, dans ces deux cas, que le murmure ou l'impétuosité, et c'est notre propre cœur qui lui prête libéralement tendresse, et bravoure.

On ne saurait trop insister là-dessus : l'expression d'un sentiment déterminé, de telle ou telle passion, est en dehors du pouvoir de la musique. Les sentiments n'existent pas dans l'âme à l'état isolé, de manière à s'en laisser pour ainsi dire extraire seuls par un art auquel l'expression des autres états actifs de l'esprit est interdite. Ils sont, au contraire, dépendants de conditions physiologiques et pathologiques, de notions et idées préconçues, enfin de tout ce qui constitue le domaine de l'intelligence et de la raison, en face desquelles pourtant on les place si volontiers comme une antithèse, comme une opposition inconciliable.

Qu'est-ce donc qui, du sentiment en général, fait un sentiment déterminé, le désir, l'espérance, l'amour? Est-ce

simplement son intensité, le degré de l'agitation intérieure?
Assurément non. L'intensité peut être la même dans bien des
sentiments divers, comme elle peut différer dans le même sentiment selon les temps et les individus. Ce n'est que sur la base
d'un certain nombre d'idées et de jugements préalables,
acquis, — dont le sujet n'a peut-être pas conscience au moment
où il est affecté fortement, — que l'état de notre âme se con-
dense en un sentiment précis. Le sentiment de l'espérance est
inséparable de l'idée d'un état futur plus heureux, qu'on compare avec le présent. Le sentiment de la tristesse met en parallèle un bonheur passé et le malheur présent. Ce sont là des
conceptions très-nettes, bien définies. Sans ce matériel intellectuel préexistant, ce que l'on éprouve ne peut s'appeler
espérance ou tristesse; c'est lui seul qui donne aux mouvements de l'âme leur direction, leur caractère; en dehors de
lui, il ne reste qu'une agitation vague, la sensation d'un bien-
être ou d'un malaise général. L'amour ne se conçoit pas sans
l'idée de la personne aimée, sans le désir et la recherche de
son bonheur, de sa glorification ou de sa possession. Ce n'est
pas seulement la manière dont l'âme est affectée qui fait qu'on
peut l'appeler de l'amour, mais encore l'élément intellectuel,
actif, objectif, qui vient s'ajouter au simple principe sensitif.
Il peut être aussi bien doux que violent, aussi bien satisfait
que douloureux, sans cesser d'être de l'amour.

Ces considérations suffisent à montrer que la musique n'est
apte à traduire que les *adjectifs* pouvant faire cortége au
*substantif*; le substantif (l'amour) lui-même est hors de sa
portée. Un sentiment défini ou une passion n'existent pas
sous ce nom sans un élément positif, relevant de l'intelligence, qui les localise, les rende actifs et leur donne une
histoire. Si la musique, comme on veut bien l'accorder, ne
peut traduire des idées parce qu'elle est une langue indéfinie,
n'est-il pas incontestable, dès lors, qu'elle est incapable
d'exprimer aussi des sentiments définis, puisque ce caractère
de détermination dans les sentiments réside précisément dans
un principe intellectuel ?

Nous rechercherons plus loin, lorsqu'il sera question de
l'impression subjective produite par la musique, comment
certains sentiments, tels que la douleur, la joie, etc., peuvent
(mais ne *doivent* pas) être provoqués par elle. Pour le moment,

nous n'avons voulu qu'examiner théoriquement si la musique a le pouvoir d'exprimer un sentiment défini. La réponse à la question ainsi posée a été négative, car le caractère défini des sentiments ne peut pas être séparé des idées concrètes, qui restent inaccessibles à la musique.

Mais il est un ordre d'idées dont, au contraire, la musique peut revendiquer la peinture, par les moyens qui lui sont propres, et dans les proportions les plus larges. Ce sont, tout d'abord, celles qui ont rapport à des variations, perceptibles par l'ouïe, de la force, du mouvement, des proportions : comme les idées d'accroissement, d'extinction, de hâte, de lenteur, d'entrelacement, de marche, et d'autres encore. L'expression esthétique de la musique peut encore être appelée gracieuse, douce, violente, énergique, élégante, fraîche, parce que les idées qu'éveillent ces mots trouvent dans certaines relations des sons une application en quelque sorte matérielle, qui n'a rien de fictif. Aussi nous est-il loisible d'employer des qualificatifs semblables d'une façon immédiate en parlant des créations musicales, sans penser au sens éthique qu'ils ont pour notre vie morale, et qu'une association courante d'idées adapte instantanément à la musique et substitue même, à l'occasion, aux qualifications musicales vraies.

Les idées qu'expose le compositeur sont, avant tout, purement musicales. Une belle mélodie d'un certain caractère se présente à son imagination; elle ne doit être rien autre chose qu'elle-même. L'examen de tout phénomène concret nous fait remonter à son caractère générique, à l'idée qui le remplit tout d'abord, et, aussitôt après, en s'élevant davantage, à l'idée absolue; il en est de même pour les idées musicales. Par exemple, l'effet immédiat de tel adagio d'une sonorité douce et harmonieuse sera simplement de donner un caractère de beauté à l'idée du *doux* et de l'*harmonieux*; après quoi l'imagination, qui rapporte volontiers les choses de l'art à celles de la vie morale, s'emparera du phénomène pour en faire l'expression d'une pieuse résignation ou de tout autre sentiment compatible avec une musique *douce* et *harmonieuse*, et pourra peut-être même aller jusqu'à l'idée d'une paix éternelle qui n'est point de ce monde.

La poésie et les arts du dessin présentent aussi, en premier lieu, des phénomènes concrets. Un tableau dont le sujet est une jeune fille qui cueille des fleurs, ou un cimetière couvert de neige, ne nous conduit que médiatement à l'idée de la modestie et de la candeur virginales, ou à celle de la fragilité des choses humaines. C'est de la même manière, mais avec infiniment moins de certitude et beaucoup plus d'arbitraire, que l'auditeur peut reconnaître dans un morceau de musique l'idée de l'insouciance et du contentement de la jeunesse, celle de l'instabilité; seulement, ces notions abstraites ne sont pas plus *dans* le tableau que *dans* le morceau de musique, et ni l'un ni l'autre ne peuvent exprimer le *sentiment* de l'instabilité ni le *sentiment* de l'insouciance juvénile.

Certaines idées sont fort bien représentées par la musique, et malgré cela ne sauraient passer pour des sentiments; par contre, certains sentiments arrivent à émouvoir l'âme d'une façon si complexe, qu'ils ne trouvent d'expression adéquate dans aucune idée que la musique soit apte à rendre.

Quelle partie des sentiments la musique peut-elle donc exprimer, puisque ce n'est pas leur *contenu*, leur sujet même? C'est exclusivement leur côté *dynamique*.

La musique se prête à figurer le mouvement, dans un état psychique, d'après les phases qu'il traverse; elle est, avec celles-ci, lente ou vive, forte ou douce, impétueuse ou languissante. Mais le mouvement est un attribut, une phase du sentiment; il n'est pas le sentiment. On croit, en général, définir suffisamment le pouvoir expressif de la musique en disant qu'elle est inhabile à rendre ce qui fait l'objet d'un sentiment, mais qu'elle rend bien le sentiment lui-même : par exemple, qu'elle ne dépeindra pas l'objet aimé, mais bien l'amour. L'un n'est pas plus exact que l'autre. La musique ne peut exprimer l'amour, mais seulement un mouvement qui peut se produire lorsqu'on éprouve de l'amour ou une émotion analogue, et qui est précisément la chose accessoire, secondaire, dans la caractéristique de ce sentiment. *Amour* est une idée abstraite, comme *vertu* et *immortalité*. L'affirmation des théoriciens, que la musique n'est pas capable d'exprimer les abstractions, était bien superflue : car les autres arts n'ont pas plus de pouvoir qu'elle sous ce rapport. Il n'y a pas autre chose que des idées, c'est-à-dire des notions passées à l'état actif, dans la réalisation de l'œuvre d'art; cela se comprend de soi. Mais les idées d'amour, de colère, de crainte, ne peuvent devenir phénomène artistique dans une œuvre instrumentale, parce qu'il n'y a aucune connexion nécessaire entre elles et de belles combinaisons de sons. Quelle est donc la partie constitutive de ces idées que la musique s'assimile si efficacement? C'est le *mouvement* (ce mot se prend ici, bien entendu, dans son sens le plus large, et comprend aussi les variations dans l'intensité des sons). Le mouvement est ce que la musique a de commun avec le sentiment; c'est l'élément auquel elle peut donner, en véritable créatrice, mille formes diverses, avec des nuances et des contrastes à l'infini.

L'idée de mouvement a été négligée d'une manière surprenante par tous ceux qui ont entrepris d'étudier l'essence et les effets de la musique; pour nous, cependant, elle est la plus importante et la plus féconde de toutes.

Disons maintenant que ce qui, dans la musique, nous paraît peindre des états déterminés de l'âme, est *symbolique*. Comme les couleurs, les sons possèdent naturellement et individuellement une signification symbolique, dont l'influence s'exerce hors et avant toute considération artistique. De chaque couleur rayonne, pour ainsi dire, un caractère qui lui est spécial; elle n'est pas pour nous un simple chiffre auquel l'artiste seul peut donner sa valeur en le mettant à sa place, mais une vraie force, qui, brute encore et sans emploi, possède déjà, de par sa nature, un rapport sympathique avec certains états psychiques. Qui ne connaît le langage des couleurs, dans sa simplicité un peu naïve, et dans le raffinement poétique qu'il a atteint chez quelques écrivains? Nous associons couramment l'idée d'espérance à la couleur verte, celle de foi à la couleur bleue. Rosenkranz va jusqu'à voir, dans la nuance rousse, la « dignité tempérée par la grâce »; dans le violet, la « bonhomie bourgeoise », etc. (*Psychologie*, 2e édition, p. 192.)

De même, les éléments matériels de la musique, tonalité, accords, nuances sonores, sont déjà pour nous, par eux-mêmes, des *caractères*. Nous avons une véritable école d'exégèse fort occupée à la recherche de leur signification. La *Symbolique des tonalités* de Schubart est le pendant de l'*Interprétation des couleurs* de Gœthe. Cependant ces éléments (sons et couleurs) sont soumis, dans leur mise en œuvre artistique, à des lois tout autres que celles qui les régissent à l'état de manifestation naturelle et isolée. Dans un tableau d'histoire, tout ce qui est rouge ne signifie pas la joie, et tout ce qui est blanc l'innocence ; dans une symphonie, tout ce qui est en *la bémol* ne représentera pas davantage une disposition romanesque, ni tout ce qui est en *si* mineur quelque chose d'hostile à l'homme, ni tout accord parfait la satisfaction, ni tout accord de septième diminuée le désespoir. Transportés sur le terrain esthétique, les éléments indépendants dont nous parlons sont neutralisés et nivelés par des lois supérieures. Il est certain que des phénomènes de ce genre, à l'état de nature, sont loin de pouvoir *exprimer* quoi que ce soit. Nous les avons qualifiés de symboliques, parce qu'ils ne traduisent pas directement ce qui existe dans l'œuvre, son sujet : la forme sous laquelle ils restent en est, au contraire, très-différente. Quand nous voyons dans la couleur jaune la jalousie, dans le ton de *sol* majeur la gaieté, dans le cyprès le deuil, notre assimilation a un rapport physiologique et psychologique avec certains caractères de ces sentiments ; mais elle n'existe que pour nous, parce que nous la voulons, et non parce que la couleur, le son ou l'arbre l'établissent eux-mêmes et naturellement. On ne peut donc dire d'un accord qu'il exprime un sentiment quelconque lorsqu'il est isolé, et encore moins quand on le considère relativement à sa place dans l'œuvre d'art.

En résumé, la musique pure n'a, pour atteindre le prétendu but qu'on lui a toujours assigné, d'autres moyens que l'analogie du *mouvement* et du *symbolisme* des sons.

L'impuissance de la musique à exprimer des sentiments se déduisant si facilement de la nature même des sons, il paraît presque incompréhensible qu'on n'en ait pas en généralement conscience bien plus tôt. Que celui qui sent vibrer en lui tant de cordes sensibles à l'audition d'un morceau de musique instrumentale essaie de démontrer d'une façon claire et rationnelle la nature du sentiment qui, d'après les idées reçues, constitue l'essence même du morceau ! Car l'expérimentation, ici, est indispensable. — Écoutons, par exemple, le début de l'ouverture de *Prométhée* de Beethoven. Ce qu'une attention soutenue y fait découvrir à une oreille musicale est à peu près ceci :

Les notes de la première mesure se succèdent légèrement et rapidement, comme une pluie de perles, par un mouvement presque toujours ascendant ; la deuxième mesure répète exac-

tement la première ; la troisième leur est presque semblable,
et, dans la quatrième, les gouttes de la source jaillissante qui
vient de monter un peu plus haut retombent, pour recommencer
bientôt, sur le même dessin et pendant quatre mesures, leur
marche de tout à l'heure. Ainsi il s'établit pour le sens musical de l'auditeur, au point de vue mélodique, une symétrie entre
les deux premières mesures, entre celle-là et les deux suivantes,
enfin entre les quatre premières mesures et celles qui viennent après, comme entre un grand arceau et celui qui lui correspond. La basse marquant le rhythme signale l'entrée des
trois premières mesures par un seul accord frappé dans chacune ; elle divise la quatrième en deux par autant d'accords
plaqués ; et la même chose se répète dans les quatre mesures
suivantes. La différence rhythmique existant entre la quatrième
mesure et les trois autres, et se répétant dans la seconde
période, décèle l'oreille comme un élément nouveau introduit
dans le parfait équilibre précédent. Considéré harmoniquement,
le thème nous montre encore la correspondance d'un grand et
de deux petits arceaux : à l'accord parfait d'*ut* majeur, qui
remplit les quatre premières mesures, répond l'accord du
second degré dans les mesures 5 et 6, puis celui de quinte
mineure et sixte dans les deux suivantes. De cette correspondance entre la mélodie, le rhythme et l'harmonie, résulte un
tableau symétrique et pourtant varié, qui s'enrichit encore de
lumières et d'ombres par les différences de timbres des divers
instruments et par les nuances d'intensité.

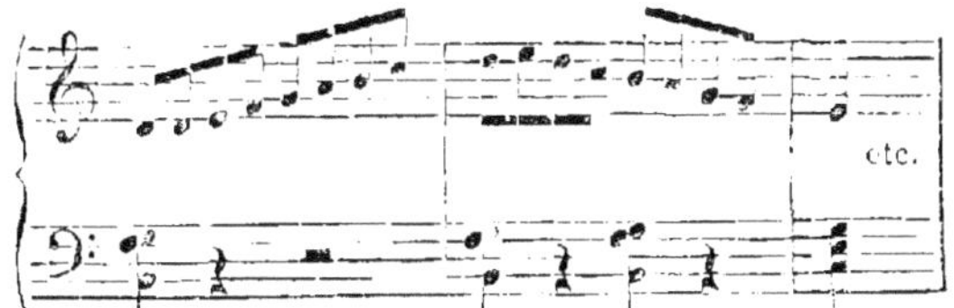


Il nous est impossible de trouver dans ce thème autre chose
que ce que nous venons de dire, ou tout au moins de désigner
un sentiment qu'il exprime ou qu'il doive éveiller chez l'auditeur. Un démembrement semblable fait, il est vrai, un sque-
lette d'un corps florissant et détruit toute beauté, mais il ne
laisse subsister aucune interprétation fantaisiste.

Nous avons pris ce motif au hasard ; la démonstration serait
la même avec un autre thème instrumental. Il existe toute une
classe d'amateurs de musique, — et ce n'est pas la moins nom-
breuse, — qui considère comme un défaut caractéristique de
la musique dite classique son peu de propension à l'expression
passionnelle, tout en commençant par convenir que personne
ne saurait indiquer, dans un seul des quarante-huit préludes
et fugues du *Clavecin bien tempéré* de J.-S. Bach, un sentiment
qui puisse en être considéré comme le sujet. C'est fort juste ;
— et voilà déjà une preuve que la musique n'a pas pour but
nécessaire d'exciter des sentiments et qu'ils ne résident pas
en elle. Le terrain se dérobe ainsi complétement sous la musique figurative. Mais s'il faut ignorer de grandes manifestations de l'art, établies historiquement et esthétiquement, pour
essayer de donner comme par surprise de la solidité à une
théorie, cette théorie est fausse. C'est assez d'une seule voie
d'eau pour faire couler un navire.

Celui à qui cette expérience ne suffit pas peut en agrandir le
champ, — ouvrir le corps du navire s'il ne se contente pas de
la voie d'eau. Qu'on joue le thème d'une symphonie quelconque de Mozart ou de Haydn, d'un adagio de Beethoven, d'un
scherzo de Mendelssohn, d'un morceau de piano de Schumann
ou de Chopin, des œuvres qui résument ce que nous avons de plus
substantiel en musique instrumentale, ou encore les motifs les
plus populaires des ouvertures d'Auber, de Donizetti, de Flo-
tow, et qu'on dise, si l'on a assez de confiance en son propre

jugement, quel sentiment peut bien y être renfermé. L'un répondra peut-être : de l'amour; c'est possible; — l'autre, du désir ; peut-être; — un troisième y reconnaîtra du sentiment religieux; on ne saurait y contredire; — et ainsi de suite. Mais cela peut-il s'appeler l'expression d'un sentiment, quand personne ne sait au juste ce qui est exprimé? Sur la beauté et les beautés de l'œuvre musicale, tout le monde pensera sans doute de même: les avis seront différents quand il s'agira d'en caractériser le sens. *Exprimer*, c'est rendre une chose distinctement sensible à nos facultés, en en faisant percevoir clairement la nature; comment donc peut-on représenter comme *exprimé* par un art le plus incertain, le plus ambigu de ses éléments, celui sur lequel on s'entend le moins?

Nous avons pris à dessein nos exemples dans la musique instrumentale; car cela seul qui se peut dire d'elle peut aussi s'appliquer à la musique en général. Si l'on cherche à pénétrer d'une façon quelque peu large, en même temps que précise, dans l'essence de la musique, si l'on essaie de déterminer ses limites, sa direction, il ne peut être question que de musique instrumentale. Ce qui lui est impossible ne sera jamais possible à la musique en général, car c'est elle seule qui est la musique pure et absolue. Qu'on préfère, comme valeur ou comme effet, la musique instrumentale à la vocale, ou celle-ci à celle-là, — comparaison qui, soit dit en passant, témoigne de l'étroitesse de vues assez habituelle aux gens qu'on désigne sous le nom d'amateurs, — il faudra reconnaître que l'idée de *musique*, dans son sens absolu, ne s'applique pas bien à un morceau composé sur des paroles. La part des sons, dans l'effet général d'une œuvre lyrique, ne peut pas être assez bien séparée de celle qui revient au texte, à l'action scénique, aux décors, pour que le compte de chaque art puisse être dressé d'une manière exacte. Nous devons éliminer même les morceaux munis de titres descriptifs ou de programmes, là où il s'agit de déterminer le *contenu* de la musique. L'union avec la poésie augmente la puissance de la musique, mais non ses limites (1).

---

(1) Gervinus est rentré dans le débat de préséance entre la musique de chant et la musique instrumentale, avec son livre *Händel et*

La musique vocale est un composé dont les éléments sont tellement fondus ensemble, qu'il n'est plus possible d'évaluer l'importance de chacun. S'il s'agit d'apprécier le pouvoir de l'art poétique, il ne viendra certes à l'idée de personne de faire la démonstration sur un opéra : or, en se basant sur les principes fondamentaux de l'esthétique musicale, il suffit de raisonner de même, — avec un peu plus d'indépendance d'esprit, il est vrai, — pour arriver à une conviction analogue quant à la valeur de l'opéra en musique.

La musique vocale colore le dessin de la poésie (1). Nous avons

---

*Shakespeare* (1868). Il ne reconnaît comme musique véritable et naturelle que « l'art vocal », et donne de « l'art instrumental » cette définition : « un produit artistique dont l'origine est dans tout ce qu'il y a d'intime et qui est tombé dans ce qu'il y a de plus externe » *(ein von allem Innerlichen auf das Aeusserlichste herabgekommenes Kunstwerk)*, c'est-à-dire un moyen physique de provoquer un plaisir physiologique. C'est faire une grande dépense de subtilité d'esprit pour prouver qu'on peut être un grand admirateur de Handel et un savant musicographe, et commettre les plus étranges erreurs quant à la nature de la musique.

(1) Cette expression technique est ici parfaitement à sa place, car il n'est encore question, en dehors de toutes considérations esthétiques, que du rapport abstrait et général de la musique avec le texte, et de l'attribution à faire soit à celui-ci, soit à celle-là, du privilége de renfermer régulièrement et par nature l'essence de l'œuvre musicale. Mais dès que l'examen porte non plus sur le *quoi*, mais sur le *comment*, notre expression cesse d'être juste. — Ce n'est que dans le sens *logique* (nous dirions presque *juridique*) que le texte joue le rôle principal, et la musique le rôle accessoire ; mais, en esthétique, on exige beaucoup plus du compositeur : il faut qu'il atteigne le beau musical existant par lui-même, bien qu'inséparable des autres parties de l'œuvre. Demandons-nous maintenant, non plus, abstraitement, *ce que* fait la musique lorsqu'elle est unie à des paroles, mais *comment* elle le fera dans la réalité : nous reconnaîtrons qu'il est impossible de renfermer son indépendance à l'égard de la poésie dans des limites aussi étroites que celles que le dessinateur trace au coloriste. Depuis que Gluck a inauguré la grande et nécessaire réaction contre les empiétements mélodiques des Italiens, réaction dans laquelle, loin de dépasser le juste milieu, il est au contraire resté en arrière (exactement comme Richard Wagner aujourd'hui), on répète partout la fameuse phrase de la dédicace d'*Alceste*, où il est dit que le texte est le dessin « correct et bien tracé » que la musique a pour but exclusif de colorer. Si la musique n'a pas, à l'égard de la poésie, un

reconnu, dans les éléments de la musique, des couleurs d'un
grand éclat et d'une grande finesse, et, en outre, d'une signification symbolique. Elles pourront peut-être faire d'une poésie
médiocre le plus charmant langage du cœur ; et cependant, ce
ne sont pas les sons qui *expriment* dans une mélodie vocale,
mais les paroles. Le dessin, et non le coloris, détermine le
sujet qu'on expose devant nous. Nous faisons appel à la faculté
d'abstraction de l'auditeur, et l'invitons à se remémorer quelque belle mélodie dramatique dont il a éprouvé l'effet, en faisant l'effort de ne plus la considérer qu'au point de vue musical pur, et en la séparant de toute la signification précise
qu'elle a pu avoir pour lui dans la scène du drame où le
compositeur l'a placée. Il se trouvera qu'une mélodie destinée
à exprimer la colère, par exemple, ne renferme, quand on
l'examine isolément et intrinsèquement, d'autre sens psychique
que celui d'un mouvement rapide et passionné. Et la même
mélodie pourra peut-être s'adapter fort bien à un texte tout
différent, à des paroles d'amour, pourvu qu'elles comportent une
certaine chaleur de débit.

Lorsque l'air d'Orphée

> J'ai perdu mon Eurydice,
> Rien n'égale mon malheur !

faisait fondre en larmes des milliers d'auditeurs (et parmi eux
des hommes comme Rousseau), un contemporain de Gluck,
Boyé, s'avisa de remarquer que la mélodie pourrait convenir
aussi bien et même beaucoup mieux aux paroles suivantes,
qui disent tout le contraire :

> J'ai trouvé mon Eurydice,
> Rien n'égale mon bonheur !

---

rôle beaucoup plus considérable que celui du coloris, si, étant elle-
même à la fois dessin et couleur, elle n'y apporte pas quelque
chose d'entièrement nouveau, dont la beauté originale soit son bien
propre, qui fleurisse et fructifie sur l'espalier dont les paroles du
texte ne sont que les degrés, — alors elle n'est qu'un exercice d'é-
lève ou un amusement de dilettante, et les hauts sommets de l'art
lui sont interdits.

Voici, pour le lecteur qui ne l'aurait pas présent à la mémoire, le commencement de l'air, d'après la partition originale
italienne :

Nous ne sommes nullement d'avis qu'il y ait lieu d'absoudre
ici le compositeur, car la musique ne manque pas d'accents
bien mieux appropriés à l'expression de la douleur. Mais
nous avons choisi entre mille l'exemple ci-dessus, d'abord
parce qu'il est du maître auquel on attribue le plus de vérité

dans l'expression dramatique, ensuite parce que plusieurs générations ont admiré dans cette mélodie un sentiment profond de la douleur que les paroles contiennent seules en réalité.

Du reste, la détermination du sentiment que l'auteur a eu en vue dans des mélodies vocales même beaucoup plus précises et plus expressives que celle-là, nous oblige à de véritables efforts de divination. Ce sont comme des silhouettes dont nous ne reconnaissons l'original que lorsqu'on nous a dit qui il est.

Nous n'avons montré qu'un cas particulier, mais il se reproduit à l'infini et dans d'immenses proportions. On a souvent modifié d'un bout à l'autre et dans un sens tout différent le texte d'un morceau de chant. Quand on exécute *les Huguenots* de Meyerbeer sous le titre de : *les Gibelins à Pise*, en changeant le sujet, l'époque, le lieu, les personnages et les paroles, il est certain que la transformation, maladroitement faite, choque l'auditeur qui connaît l'ouvrage primitif ; mais l'expression purement musicale n'en reçoit aucune altération. Et pourtant le fanatisme religieux, qui est le ressort de l'action dans *les Huguenots*, est complétement absent des *Gibelins*. Le choral de Luther, qui n'y a pas d'emploi rationnel, n'est plus là qu'à l'état de citation ; comme musique, il convient à tous les cultes. — Le lecteur (allemand) n'a-t-il jamais entendu l'allegro fugué de l'ouverture de *la Flûte enchantée* exécuté en quatuor vocal, avec une dispute entre brocanteurs juifs pour texte ? La musique de Mozart, à laquelle il n'a pas été changé une note, s'adapte d'une façon surprenante à ces paroles d'un comique qui n'a, certes, rien d'élégant ; et on ne peut goûter davantage, à l'Opéra, la composition dans son cadre sérieux, qu'on ne se délecte aux lazzi qu'elle accompagne dans le travestissement dont nous parlons.

Un motif musical, comme on voit, a la conscience large aussi bien qu'une passion humaine. Nous ne sommes pas au bout de nos preuves — Le sentiment religieux passe avec raison pour un de ceux qui se reconnaissent le mieux en musique ; ce qui n'empêche pas qu'il y ait peu d'églises de village en Allemagne où l'organiste ne charme les oreilles des fidèles, pendant la procession, avec *le Cor des Alpes*, de Proch, ou l'air final de *la Somnambule*, sans oublier le saut de dixième si co-

quet sur : « Dans mes bras », ou quelque autre mondanité de
ce genre. Quiconque a voyagé en Italie a entendu avec étonne-
ment, dans les églises, les airs d'opéras les plus connus de Rossini, Bellini, Donizetti et Verdi. Ces morceaux, et d'autres plus
profanes encore, pourvu qu'ils soient d'une allure à peu près
tranquille, ne troublent nullement les bons paroissiens, qui
semblent au contraire en être extrêmement édifiés. Si la musique avait par elle-même la faculté d'exprimer le sentiment religieux, de semblables quiproquos seraient aussi impossibles
que le récit en chaire, par le prédicateur, d'une nouvelle de
Tieck ou d'une séance du Parlement en guise de sermon.

Nos grands compositeurs de musique religieuse fourniraient
en abondance des preuves à l'appui de notre thèse. Il n'en est
peut-être aucun qui ait procédé avec un sans-façon aussi remarquable que Händel. Winterfeld a démontré que plusieurs
morceaux du *Messie*, les plus célèbres et ceux où on a le plus
admiré le sentiment religieux, sont tirés d'une collection de
duos très-profanes, érotiques même, composés par Händel en
1711 et 1712 pour la princesse-électrice Caroline de Hanovre,
sur des madrigaux de Mauro Ortensio. La musique du deuxième
duo :

> Nò, di voi non vo' fidarmi,
> Cieco Amor, crudel Beltà ;
> Troppo siete menzognere,
> Lusinghiere Deità ! (1)

a passé sans la moindre modification dans le chœur si populaire de la première partie du *Messie : For unto us a child is
born* (2). Le motif de la troisième phrase du même duo :

> So per prova i vostri inganni (3),

est le même que celui du chœur : *All we like sheep* (4), de la

______

(1) « Non, je ne veux plus me fier à vous, Amour aveugle, Vénus
cruelle ; vous êtes trop mensongères, séduisantes déités ! »
(2) « Ah ! parmi nous l'enfant est né. » (Traduction anonyme).
— « Chante, ô Juda, ton divin maître. » (Traduction de V. Wilder).
(3) « Je connais par expérience vos artifices. »
(4) « Troupeaux bêlants. » (Traduction de V. Wilder.)

deuxième partie du *Messie*. Il n'y a que peu de différence entre la musique du madrigal n° 16 (duo pour soprano et contralto) et celle du duo : *O death, where is thy sting?* (1) de la troisième partie du *Messie ;* voici les paroles du madrigal :

> Se tu non lasci amore,
> Mio cor, ti pentirai,
> Lo so ben io ! (2)

On voit que la musique vocale, incapable en théorie de servir à une détermination esthétique de la musique en général, ne peut pas davantage, dans la pratique, ébranler la base que la musique instrumentale nous a aidé à établir.

Le principe que nous combattons s'est tellement incorporé aux maximes courantes d'esthétique musicale, que tous ses dérivés, directs ou collatéraux, ont fini par jouir de la même inviolabilité que lui. Nous citerons parmi ceux-ci la théorie de l'imitation par la musique des objets visibles ou perceptibles à l'ouïe extra-musicalement. Lorsqu'on veut traiter la question de la « peinture musicale », on prend toujours grand soin d'affirmer que la musique ne saurait représenter le phénomène, qui est hors de sa portée, et qu'elle est apte seulement à exprimer le *sentiment* éveillé en nous par l'objet extérieur. C'est précisément le contraire. La musique ne peut essayer que d'imiter l'apparence extérieure, et jamais de rendre le sentiment dont celle-ci est l'occasion. On ne peindra en musique des flocons de neige qui tombent, des oiseaux qui voltigent, le soleil qui se lève, qu'en faisant naître des sensations acoustiques d'un ordre analogue, ayant une affinité dynamique avec ces phénomènes. La hauteur, l'intensité, la rapidité, le rhythme des sons constituent en quelque sorte pour l'oreille une figure ; l'impression qu'elle produit a avec celle de la perception visuelle l'analogie à laquelle peuvent parvenir entre elles des sensations matérielles de nature diverse. Physiologiquement, il peut arriver qu'un sens *vicarie,*— c'est le terme consacré,— ou se substitue

---

(1) « O mort, qu'as-tu fait de ton pouvoir ? » (Traduction de V. Wilder.)

(2) « Si tu ne renonces pas à l'amour, mon cœur, tu t'en repentiras, j'en suis certain. »

dans de certaines limites à un autre; esthétiquement, il se
passe aussi quelque chose de semblable entre les sensations.
Puisqu'il existe une analogie bien définie entre le mouvement
dans l'espace et le mouvement dans le temps, entre la couleur,
la finesse ou la grosseur d'un objet et la hauteur, le timbre ou
la force d'un son, il y a donc possibilité de peindre certaines
choses au moyen de la musique; mais vouloir représenter par les
sons le sentiment que ces choses excitent en nous, ce que nous
ressentons en présence de la neige qui tombe, du coq qui chante,
de l'éclair qui brille, est tout simplement ridicule.

Quoique tous les théoriciens musicaux, autant du moins qu'il
est à notre connaissance, continuent toujours à édifier tranquil-
lement sur la base de l'expression des sentiments par la musique, cependant il en est quelques-uns qu'un jugement plus
droit a empêchés d'admettre absolument ce principe. Le manque de précision intellectuelle dans la musique les a embar-
rassés, et ils ont modifié ainsi la formule consacrée : « La
musique fait naître et exprime des sentiments, non pas précisément définis, mais plutôt indéfinis. » Ce qu'on peut déduire
raisonnablement de cette phrase, c'est que le *mouvement* du
sentiment, séparé du *sujet* de ce même sentiment, de ce qui
le constitue à l'état passif, appartiendrait à la musique ; c'est
justement ce que nous avons attribué à celle-ci, sous le nom de
*partie dynamique* des sentiments. Mais cette faculté de la musique ne consiste nullement à « exprimer des sentiments indéfinis »; car l'idée d'*exprimer* et celle d'*indéfini* s'excluent l'une
l'autre. Les mouvements de l'âme, en tant que simples mouvements et à part le sujet de chacun, ne sont pas réalisables par
l'œuvre d'art, parce que le terrain manque à celle-ci en dehors
de la question : A quoi le mouvement s'applique-t-il ?

Ce qu'il y a d'exact dans la formule modifiée, c'est-à-dire l'affirmation de l'impuissance de la musique à peindre des sentiments définis, est d'ailleurs un progrès d'ordre négatif. Quel
est donc l'élément positif, créateur, de l'œuvre musicale? Un
sentiment indéfini ne saurait être par lui-même le sujet d'une
manifestation artistique; si un art doit s'en emparer, tout dé-
pendra de la manière dont il aura reçu la forme. Toute activité artistique consiste à individualiser les idées générales, à
tirer le défini de l'indéfini, le particulier du général. Dans la
théorie des « sentiments indéfinis », il faudrait procéder tout

au rebours. Avec elle, on en arrive à un résultat pire encore que celui de la vieille doctrine : on est obligé de croire que la musique exprime quelque chose, et on est condamné à ne jamais savoir quoi. Il n'y avait pourtant, une fois là, qu'un simple pas à faire pour arriver à la vérité, pour reconnaître que la musique *n'exprime pas de sentiments,* ni définis ni indéfinis. Mais quel musicien aurait voulu renoncer pour son art à des prérogatives, à un domaine qu'il pouvait lui croire acquis depuis un temps immémorial (1) ?

Notre conclusion pourrait encore laisser place à un autre système, qui continuerait à présenter l'expression des sentiments définis comme l'idéal de la musique, mais en ajoutant qu'elle n'a jamais atteint parfaitement cet idéal, et qu'elle peut et doit chercher à s'en approcher toujours davantage. Les grandes phrases si souvent ressassées sur les tendances de la musique à s'affranchir des entraves qui en font une langue vague et indéterminée, pour acquérir la précision d'un langage concret, les éloges accordés si volontiers aux compositions où l'on trouve ou croit trouver la trace de quelque effort dans ce sens, disent assez combien cette autre manière de voir est en faveur.

Mais nous la combattrons plus résolûment encore que la doctrine de l'expression effective et usuelle des sentiments par la musique, tout comme si elle avait chance de jamais devenir le principe esthétique de cet art.

---

(1) On peut voir, dans certains ouvrages justement estimés à d'autres points de vue, à quelles absurdités conduit le principe faux de l'expression d'un sentiment défini par la musique, de même que cet autre, encore plus faux, qui assigne à chaque différente forme de l'art musical un sentiment spécial comme lui étant nécessairement inhérent. Mattheson, une intelligence remarquable assurément, nous en fournit un exemple. Conséquent avec le point de départ de sa théorie esthétique : « Dans toute mélodie, nous devons nous proposer pour but principal une émotion de l'âme », il en vient à débiter sérieusement, dans son *Vollkommner Capellmeister* (pages 200 et suivantes), les aphorismes que voici : « La passion qui doit être exprimée dans une courante, c'est l'espérance. »... « La sarabande n'a pas d'autre passion à exprimer que l'ambition. »... « Dans le *concerto grosso,* c'est l'expression de la volupté qui doit tout dominer. »... « La chacone doit traduire la satiété... Dans l'ouverture, il faut qu'on reconnaisse la magnanimité ».

Quand bien même la précision pourrait être atteinte dans l'expression des sentiments, le beau musical resterait incompatible avec elle. — Admettons un instant cette possibilité, pour mieux établir notre conviction. Nous ne ferons pas l'essai d'une semblable fiction sur la musique instrumentale, qui se refuse évidemment à toute démonstration ayant pour objet des sentiments définis, mais sur la musique vocale, seule capable d'accentuer des sentiments déjà indiqués. Là, l'objet à exprimer est déterminé par les paroles données au compositeur: la musique a le pouvoir de le vivifier, de le commenter, de lui communiquer, à un degré plus ou moins élevé, l'expression individuelle et intime. Elle le fait au moyen de la caractéristique la plus nette possible du mouvement, en mettant en valeur le symbolisme, qui est un attribut des sons. Si elle prend le texte comme principal objectif, et non sa propre beauté intrinsèque, elle peut porter plus loin encore l'individualité, jusqu'au point même de paraître exprimer seule le sentiment qui pourtant existait déjà dans les paroles, où il est à poste fixe, bien que susceptible de gradation. Cette tendance va en réalité à un but qui est quelque chose d'analogue à la prétendue « expression d'un sentiment proposé comme sujet d'une œuvre musicale ». En admettant que ces deux facultés de la musique, l'une réelle et l'autre supposée, soient concordantes entre elles, que l'expression des sentiments soit possible par la musique et qu'elle constitue l'objet de cet art, nous sommes amenés à attribuer le plus haut degré de perfection aux compositions dont le sens est le mieux et le plus étroitement précisé. Mais qui ne connaît, et en grand nombre, des œuvres musicales où le beau éclate sans avoir nul besoin de ces déterminations explicites? D'un autre côté, il existe beaucoup de compositions vocales où le musicien s'est efforcé de reproduire exactement un sentiment, dans la mesure que nous venons d'exposer, en plaçant la vérité de cette reproduction au-dessus de tout autre principe. Or, si nous les examinons de près, nous acquérons la conviction que la rigueur de cette adaptation de la peinture musicale à un programme est en raison inverse de sa beauté propre, et que l'exactitude déclamatoire et dramatique ne fait, en compagnie de la perfection musicale, que la moitié du chemin : arrivées là, elles se séparent.

Nous en trouvons la meilleure preuve dans le récitatif, la forme musicale qui s'ajuste le plus immédiatement à l'expression déclamatoire, jusqu'à rendre l'accent du mot isolé, sans viser à autre chose qu'à fixer comme par un moulage fidèle des états définis de l'âme se succédant presque toujours rapidement. Ce serait donc là, à déduire strictement les conséquences du point de départ dont nous parlons, la manifestation la plus élevée et la plus vraie de la musique ; tandis qu'en réalité celle-ci perd, dans le récitatif, toute importance propre et devient l'humble servante du texte. D'où il appert que l'expression des sentiments définis, loin d'être une nécessité du rôle de la musique, reste en opposition complète et définitive avec lui. Jouez un long récitatif en laissant les paroles de côté, et cherchez sa signification et sa valeur musicale : le résultat ne sera pas douteux. Toute véritable musique, au contraire, doit pouvoir supporter l'épreuve.

Le récitatif n'est pas seul à corroborer notre raisonnement ; les formes les plus élevées et les plus complètes de l'art nous aideront mieux encore à établir que le beau musical tend à s'éloigner de tout ce qui *exprime* trop spécialement, avec trop de précision, son impérieux besoin de libre expansion ne pouvant s'accommoder de cette servilité.

Laissons donc le principe déclamatoire du récitatif, et montons jusqu'au principe dramatique de l'opéra. Dans les opéras de Mozart, les morceaux de musique sont en parfaite harmonie avec le texte. Qu'on écoute même les plus compliqués de ces morceaux, les finales, sans les paroles ; il restera sans doute quelque obscurité dans les parties intermédiaires, mais les principales, aussi bien que l'ensemble, apparaîtront dans leur beauté propre, existant par elle-même. Donner satisfaction aux exigences dramatiques et musicales, en équilibrant les unes et les autres, est considéré avec raison comme l'idéal de l'opéra. Mais nous ne croyons pas qu'on ait jamais développé, de manière à épuiser le sujet, les conditions dans lesquelles s'effectue cette pondération, le combat perpétuel que se livrent le principe de l'exactitude dramatique et celui de la beauté musicale, et les concessions incessantes que l'un doit faire à l'autre. Ce qui rend le principe de l'opéra indécis, difficile à fixer, ce n'est pas l'invraisemblance de personnages chantant en même temps qu'ils agissent, car l'imagination se façonne aisément à ces pratiques conventionnelles ; mais la situation très-dépendante dans laquelle sont le texte et la musique et qui les oblige à de continuelles alternatives de préséance, fait ressembler l'opéra à un État constitutionnel. n'existant que par la lutte incessante de deux pouvoirs également autorisés. Cette lutte, dans laquelle l'artiste doit donner la victoire tantôt à l'un, tantôt à l'autre, est la source de tout ce que l'opéra offre d'irrationnel et d'insuffisant, et la cause de l'inefficacité des règles artistiques qui sembleraient. au contraire. devoir décider en faveur de sa valeur esthétique. Poussés à leurs conséquences extrêmes, le principe dramatique et le principe musical en viendraient nécessairement à se couper sur le plan de leur tracé ; seulement, les deux lignes sont assez longues pour paraître parallèles dans toute l'étendue de leur parcours perceptible à l'œil humain.

Il en va de même pour la danse, comme nous pouvons le voir par le premier ballet venu. Plus elle délaisse la belle rhythmique de ses formes spéciales pour chercher à *parler* par la mimique, à exprimer des idées et des sentiments, plus elle se rapproche de la pantomime, inférieure et dénuée de formes. L'importance que la danse donne au principe dramatique est en raison inverse de sa beauté plastique et rhythmique. Un opéra ne peut se comporter comme un drame parlé ni comme une œuvre instrumentale ; c'est pourquoi le véritable compositeur lyrique se propose pour but une combinaison, un accommodement perpétuels entre les deux éléments, texte et musique. et non la prédominance, établie comme principe, de l'un ou de l'autre. Dans les cas douteux, c'est à la musique qu'il donnera le pas, parce que l'opéra est musical avant d'être dramatique : chacun peut apprécier dans quelle mesure, en examinant les dispositions très-diverses avec lesquelles il va voir un drame ou un opéra de même sujet. La faiblesse de la partie musicale, dans un opéra. nous sera toujours beaucoup plus sensible que celle de la partie dramatique (1).

_____________

(1) Richard Wagner, dans ses dernières œuvres, cherche à accentuer la tendance dramatique, en opposition à la tendance musicale. Nous applaudirons à tout effort fait dans le sens d'une amélioration intelligente de la partie dramatique dans l'œuvre lyrique, sans ou-

La plus grande importance qu'a pour nous la fameuse querelle des gluckistes et des piccinnistes dans l'histoire de l'art, c'est qu'elle a mis pour la première fois au grand jour et livré à la discussion la lutte intime des deux éléments de l'opéra. A la vérité, on a soutenu le débat de part et d'autre sans avoir la conscience scientifique de tout ce que sa solution pouvait avoir d'immenses conséquences au point de vue des principes. Celui qui voudra se donner la peine de recourir aux sources pour suivre les phases de cette longue dispute (1) y trouvera la polémique française dans tout son esprit et toute son habileté, employant tous les moyens de combat, depuis l'injure la plus grossière jusqu'à la flatterie la plus fine ; mais il y verra en même temps des raisonnements tellement enfantins quant aux principes, une telle absence de véritable savoir et de réflexion un peu profonde, qu'il n'aura pas de peine à conclure qu'aucun résultat profitable pour l'esthétique musicale ne devait sortir de là.

Les plus intelligents de ces polémistes, Suard et l'abbé Arnaud du côté de Gluck, Marmontel et La Harpe contre lui. ont essayé plusieurs fois, il est vrai, de caractériser le principe dramatique de l'opéra et sa manière d'être à l'égard du principe musical ; mais ils ont traité le rapport entre les deux

---

blier toutefois que la musique d'opéra, séparée de son texte, ne satisfait que très-médiocrement le sens esthétique. Et on a le sentiment de cette même insuffisance chaque fois qu'on voit Wagner se préoccuper de caractériser et de grossir un élément isolé aux dépens de l'ensemble, ce qui a pour résultat de faire éclater la forme générale, comme la charge disproportionnée d'un canon brise son enveloppe. En se plaçant à son point de vue résolûment dramatique, Wagner doit considérer *Tristan et Iseult* comme son meilleur ouvrage. Pour nous, nous mettons *Tannhäuser* bien au-dessus, parce que le compositeur, quoiqu'il n'ait certes pas atteint complétement dans cet ouvrage le beau musical absolu, n'en avait cependant pas encore répudié alors le principe.

(1) Les documents les plus importants à consulter pour la querelle des gluckistes et des piccinnistes se trouvent dans la collection des *Mémoires pour servir à l'histoire de la révolution opérée dans la musique par M. le chevalier Gluck*. Naples et Paris, 1781.

[L'historique de la question est aujourd'hui exposé d'une manière très-complète et très-fidèle, dans le livre de M. G. Desnoiresterres, *Gluck et Piccinni*. Paris, 1872, in-8. — *N. du Trad.*]

principes comme appartenant à l'opéra au même titre que bien
d'autres attributs, au lieu d'y voir la source même de sa vie.
Ils n'ont point soupçonné que toute l'existence de l'opéra
dépend justement de la détermination de ce rapport. Chose
remarquable, les adversaires de Gluck ont quelquefois appro-
ché de bien près le point où la fausseté du principe dramatique apparaît pleinement et peut être victorieusement com-
battue. Ainsi, La Harpe écrit dans le *Journal de politique et de
littérature* du 5 octobre 1777 : « On objecte qu'il n'est pas
» naturel de chanter un air de cette nature dans une situation
» passionnée, que c'est un moyen d'arrêter la scène et de
» nuire à l'effet. Je trouve ces objections absolument illusoires.
» D'abord, dès qu'on admet le chant, il faut l'admettre le plus
» beau possible, et il n'est pas plus naturel de chanter mal
» que de chanter bien. Tous les arts sont fondés sur des
» conventions, sur des données. Quand je viens à l'Opéra, c'est
» pour entendre de la musique. Je n'ignore pas qu'Alceste ne
» faisait point ses adieux à Admète en chantant un air ; mais,
» comme Alceste est sur le théâtre pour chanter, si je retrouve
» sa douleur et son amour dans un air bien mélodieux, je
» jouirai de son chant en m'intéressant à son infortune. » Et
pourtant La Harpe ne savait guère sur quel solide terrain il
avait mis le pied ; car bientôt après il n'hésite pas à critiquer
vivement le duo entre Agamemnon et Achille dans *Iphigénie*,
sous prétexte qu'en faisant parler ces deux héros en même
temps, l'auteur les dépouille de toute dignité. C'était aban-
donner le sol si ferme, trahir le principe si sûr du beau purement musical, et donner implicitement, inconsciemment même,
raison à l'adversaire.

Plus on veut maintenir dans sa rigueur et rendre prépondérant le principe dramatique de l'opéra, lui enlevant ainsi
l'air vital dont s'alimentait le beau musical, plus l'œuvre
lyrique dépérit, comme un oiseau placé sous le récipient de
la machine pneumatique. On est ainsi conduit forcément à
rétrograder jusqu'au drame parlé ; ce qui donne du moins la
preuve que l'opéra est réellement impossible si l'on n'y fait pas
dominer le principe musical (avec la pleine conscience de sa
nature ennemie du réalisme). Dans la pratique artistique,
cette vérité n'a jamais été mise en doute : le plus rigide des
*dramatistes*, Gluck, émet bien en théorie la fausse idée que la

musique d'opéra ne doit être autre chose que de la déclamation
intensive, superlative; mais, dans la pratique, sa nature musicale reprend fréquemment le dessus, et toujours au grand avantage de l'œuvre. Nous en dirons autant de Richard Wagner.
Il suffira ici, pour l'enchaînement de nos raisonnements, de
bien faire remarquer l'inanité du point de départ de Wagner,
tel qu'il l'a établi dans le premier volume de son ouvrage *Opéra
et Drame* : « L'erreur de l'opéra, comme genre artistique,
» consiste en ceci, qu'un moyen (la musique) y est traité
» comme but, et le but (le drame) comme moyen. » Un
opéra où la musique est constamment et réellement employée
comme un simple moyen d'arriver à l'expression dramatique,
est un non-sens musical.

Plus nous considérons de près ce mariage de la main gauche
contracté par la beauté musicale pure avec un sujet soigneu-
sement défini et déterminé, plus son indissolubilité nous
paraît illusoire.

Comment se fait-il que nous puissions introduire dans un
morceau de chant de petites modifications qui n'altéreront en
rien la justesse de l'expression, et qui cependant détruiront
complétement la beauté du motif? Ce serait impossible, si cette
beauté résidait dans la justesse de l'expression. Comment se
fait-il encore que bien des morceaux de chant, qui traduisent
leur texte d'une façon très-correcte, nous paraissent intoléra-
blement mauvais? Ils sont pourtant inattaquables dans la
théorie musicale du sentiment.

Que reste-t-il alors pour le principe du beau dans la musique, puisque nous en avons éliminé le sentiment comme
insuffisant à le constituer?

Il reste un élément tout différent, existant par lui-même,
et que nous allons examiner de près.

# CHAPITRE III

## LE BEAU DANS LA MUSIQUE

La partie de notre travail terminée avec le précédent chapitre a été purement négative. Nous avons cherché exclusivement à mettre à néant la fausse théorie du beau musical consistant dans l'expression des sentiments. Nous avons tracé une ébauche, qu'il nous reste maintenant à remplir avec la partie positive de la discussion, en développant notre réponse à la question : « Quelle est la nature du beau dans la musique ? »

Elle est *spécifique à la musique*, nous avons déjà eu l'occasion de le dire. Par là, nous entendons une sorte de beau indépendant, n'ayant pas besoin de tirer sa substance du dehors, et existant uniquement dans les sons et dans leurs combinaisons artistiques. Les rapports si bien ordonnés de sonorités pleines de charme par elles-mêmes, qui s'accouplent, se repoussent, se fuient, s'atteignent, leur essor, leur extinction, voilà ce qui se présente à notre esprit, dans des formes libres, et qui lui donne le plaisir esthétique du beau.

L'élément primordial de la musique est *l'euphonie*; son essence est le *rhythme*, — rhythme en général, comme l'harmonie d'une construction symétrique, et rhythme dans un sens plus restreint, comme le mouvement régulier des membres de phrase isolés ou des dessins dans la mesure. Le matériel avec lequel le musicien crée, et dont on ne saurait trop méditer l'incomparable richesse, ce sont les sons, avec la possibilité de leur modification à l'infini dans la mélodie, l'har-

monie et le rhythme. Inépuisée et inépuisable, la mélodie se
présente d'abord, dans son noble rôle de principal élément du
beau musical; ensuite vient l'harmonie, avec ses mille res-
sources, dont on ne connaît pas encore la fin; puis le rhythme,
artère de la vie musicale, qui les réunit l'une à l'autre dans
le mouvement, et enfin les nuances, qui les colorent de la
manière la plus diverse et la plus attrayante.

Si l'on demande maintenant ce qui doit être exprimé au
moyen de ce matériel, nous répondrons : des idées musicales.
Une idée musicale formulée complétement est déjà du beau,
indépendant de toute autre condition; elle n'a pas d'autre but
qu'elle-même, et n'est nullement le moyen ou le matériel servant à l'expression des sentiments ou des pensées.

Que contient donc la musique? Pas autre chose que des
*formes sonores et mouvementées.*

La manière dont la musique peut nous offrir de belles formes
sans avoir pour sujet un sentiment déterminé, trouve une analogie
et une démonstration frappantes dans une branche de la sculpture d'ornement : l'arabesque. Là, on voit des lignes qui
paraissent vibrer, tantôt se rapprochant insensiblement, tantôt
s'éloignant et se relevant d'un bond hardi, se quittant, se re-
trouvant, se correspondant dans de grands et de petits arcs,
infinies à ce qu'il semble, mais toujours parfaitement coor-
données, saluant partout un contraste ou un pendant, — réunion
de petites individualités, et cependant formant un tout. Figu-
rons-nous maintenant une arabesque, non pas sans vie et sans
mouvement, mais s'animant devant nos yeux dans une sorte
d'autogénésie continuelle. Voici les lignes de toute grosseur
qui se poursuivent, qui prennent leur élan par une courbe
gracieuse et montent d'un bond à des hauteurs orgueil-
leuses, puis retombent, quittent brusquement leurs voisines,
et les rejoignent enfin pour former avec elles un faisceau,
réjouissant la vue par de charmantes alternatives de repos et
d'activité, par des surprises toujours nouvelles. Le tableau est
déjà plus noble et plus élevé. Mais allons plus loin, et repré-
sentons-nous l'arabesque vivante comme le rayonnement actif
d'un esprit d'artiste, dont l'imagination tout entière passe, par
un travail incessant, à travers ces mille fibres sensibilisées :
l'impression ressentie ne sera-t-elle pas bien voisine de celle
de la musique?

Le jeu des couleurs et des formes dans le kaléidoscope a fait le bonheur de notre jeune âge à tous. La musique, elle aussi, est un kaléidoscope, placé à une hauteur incomparablement plus élevée sur l'échelle des phénomènes. Elle suscite devant nous, dans une succession continuelle autant que variée, de belles formes et de belles couleurs, qui passent doucement ou contrastent violemment entre elles, tout en restant symétriques et proportionnées. La principale différence est que le kaléidoscope sonore apparaît comme l'émanation immédiate d'un esprit qui crée, tandis que celui qui n'est fait que pour l'œil se borne au rôle de jouet ingénieux. Si l'on veut assimiler la couleur à la musique non plus seulement en pensée, mais en réalité, et emprunter les moyens d'action d'un art pour essayer d'en doter l'autre, alors on tombe dans le « clavier des couleurs » ou « l'orgue oculaire », enfantillage ridicule, mais dont l'invention prouve cependant que les deux phénomènes ont bien un côté commun.

Si quelque sensible ami de la musique trouvait notre art humilié par des analogies comme celle que nous venons d'établir, nous lui répondrions qu'il s'agit seulement de savoir si les analogies sont exactes ou non. Ce n'est point rabaisser une chose que d'apprendre à la mieux connaître. Ce champion de la dignité de l'art veut-il laisser de côté la propriété du mouvement, du développement dans le temps, qui rendait l'exemple du kaléidoscope si plein de justesse ? Il trouvera une analogie plus haute pour le beau musical dans l'architecture, dans le corps humain ou dans un paysage, qui ont, eux aussi, la beauté primitive de l'ébauche et des couleurs (abstraction faite de l'âme, qui est l'*expression* dans cet harmonieux ensemble matériel).

Les esthéticiens n'ont pas su reconnaître dans toute sa plénitude le beau de la musique pure ; c'est, en grande partie, parce qu'ils ont trop rabaissé le sensuel au profit du moral et du sentimental, comme Hegel l'a rabaissé au profit de l'idée. Tout art vient des sens et se meut dans leur sphère : la théorie du sentiment méconnaît cette vérité ; *entendre* existe à peine pour elle, elle passe par-dessus et arrive de suite à *sentir*. Les créations musicales sont faites pour le cœur, prétend-elle, et l'oreille est quelque chose de banal et de terre à terre.

Ah ! sans doute, l'épithète peut s'appliquer à ce que ces esthéticiens appellent oreille ; un Beethoven n'écrit pas en vue du « labyrinthe », de « l'enclume et du marteau » ou de la « trompe d'Eustache ». Mais l'imagination, qui est basée, en ce qui concerne la musique, sur des sensations auditives, et pour laquelle le mot *sens* signifie tout autre chose que la fonction d'un simple entonnoir formé par la nature pour percevoir les phénomènes sonores, l'imagination jouit de ces phénomènes, de leur arrangement, de l'architecture des sons, dans une *sensibilité consciente*, et agit en liberté dans leur contemplation immédiate.

Il est extrêmement difficile de définir ce beau indépendant, exclusivement musical. La musique n'ayant pas de modèle dans la nature, n'exprimant pas de conception intellectuelle, on ne peut parler d'elle qu'avec la sécheresse d'une terminologie technique, ou avec la poésie de la fiction. Son royaume, en vérité, n'est pas de ce monde. Toutes les images, tous les commentaires, d'une si riche fantaisie parfois, auxquels peut donner lieu une œuvre musicale, sont ou figurés ou menteurs. Ce qui, dans un autre art, est encore de la description, devient déjà métaphore lorsqu'il s'agit du nôtre. La musique veut être comprise et goûtée en tant que musique, en elle-même et par elle-même.

Il ne faut point entendre l'expression « spécifique à la musique » comme désignant une sorte de beau purement acoustique, ou proportionnellement symétrique : ce sont là des qualités que le beau musical comporte, mais qui ne sont que de second ordre ; il ne faut pas y voir, et moins encore, un jeu sonore chatouillant agréablement l'oreille, ni d'autres choses aussi dénuées de ce qui fait la valeur d'une manifestation de l'esprit. En poursuivant le beau musical, nous n'en avons pas exclu l'élément spirituel ; bien au contraire, cet élément est pour nous une condition indispensable du beau. Lorsque nous avons placé la beauté de la musique essentiellement dans ses formes, il était entendu que l'élément spirituel restait dans le rapport le plus étroit avec ces dernières. L'idée de forme est réalisée en musique d'une façon toute spéciale : les formes sonores ne sont pas vides, mais parfaitement remplies ; elles ne sauraient s'assimiler à de simples lignes bornant un espace ; elles sont l'esprit qui prend corps et tire de lui-même sa corporification. Ainsi, plutôt encore qu'une arabesque, la musique

est un tableau : mais un tableau dont le sujet ne peut être
exprimé par des mots ni même enfermé dans une notion
précise. Il existe dans la musique un sens et une suite, mais de
nature spécialement musicale; elle est une langue, que nous
comprenons et parlons, mais qu'il nous est impossible de traduire. Il y a quelque chose de profond dans l'emploi du mot
« pensées » à propos d'œuvres musicales, et dans la distinction qu'établit facilement le jugement exercé entre les vraies
pensées et les simples fleurs de rhétorique. Ne reconnaissons-
nous pas aussi ce qu'il y a de rationnellement fini dans un
groupe sonore, quand nous l'appelons « phrase » ? Car c'est
bien le même sentiment qui nous donne la mesure d'une
période de discours et qui nous avertit qu'elle est à son terme.

L'élément rationnel, satisfaisant l'esprit, qui peut exister
par lui-même dans les formes musicales, repose sur certaines lois fondamentales primitives que la nature a établies dans l'organisation de l'homme et dans les phénomènes sonores. C'est surtout dans celle de la progression
harmonique, analogue sous ce rapport à la forme circu-
laire dans les arts du dessin, que se trouve le germe du
développement artistique le plus important et l'explication
— malheureusement très-peu cherchée — des divers rapports
musicaux.

Des liens naturels et des affinités électives donnent la
cohésion à toutes les parties constituantes de la musique. Ces
affinités invisibles qui gouvernent le rhythme, la mélodie et
l'harmonie, veulent être respectées par l'artiste qui crée;
elles impriment à tout ce qui cherche à leur résister le stigmate
de l'arbitraire et de la laideur. Elles existent dans toute
oreille exercée, non pas sans doute sous la forme consciente,
scientifique, mais instinctivement; l'oreille perçoit de suite,
grâce à elles, ce qu'il y a dans un groupe sonore d'organique
et de rationnel, ou d'inconséquent et d'antinaturel, sans qu'il
soit besoin d'une conception intellectuelle venant en tiers
comme critérium ou terme de comparaison.

De cet élément rationnel intime, mais négatif, que les lois
de la nature ont placé dans la musique, naît l'aptitude de
celle-ci à recevoir une somme positive de beauté.

La composition est un travail de l'esprit, accompli sur un
matériel apte à le recevoir : matériel dont nous avons apprécié

la richesse, et qui n'offre pas moins d'élasticité et de pénétrabilité à l'imagination de l'artiste. L'architecte bâtit sur un sol dur et résistant; l'imagination édifie sur le souvenir des sons, sur l'écho qu'ils ont laissé en nous. D'une nature plus délicate, plus spirituelle que toute autre matière artistique, les sons reçoivent et s'assimilent plus facilement l'idée de celui qui crée; et comme les rapports sonores dans lesquels réside le beau musical s'obtiennent non pas par une combinaison mécanique, mais par un libre effort de l'imagination, c'est l'énergie spirituelle non moins que la nature particulière et déterminée de cette imagination qui impriment au produit artistique un *caractère*. Création d'un esprit pensant et sentant, l'œuvre musicale est donc, à un haut degré, susceptible d'intéresser elle-même la pensée et le sentiment, et c'est ce que nous lui demanderons toujours; mais il ne faut pas chercher cette faculté ailleurs que dans la constitution même des sons.

Notre opinion propre sur le siége de l'esprit et du sentiment dans une composition est à l'opinion commune comme l'immanence est à la transcendance, ou le fini à l'infini, le concret à l'abstrait. Tout art a pour but de rendre perceptible une idée vivifiée par l'imagination de l'artiste; en musique, cette sensibilisation de l'idée réside immédiatement dans les sons, et non dans l'intelligence après avoir passé par l'intermédiaire des sons. Ce n'est point dans le dessein de peindre musicalement telle ou telle passion, mais dans l'invention d'une mélodie de tel ou tel caractère que le travail créateur de l'artiste prend son point de départ. Un motif naît dans l'esprit du compositeur par une puissance primitive, mystérieuse, dans le laboratoire de laquelle un œil humain n'a jamais pénétré et ne pénétrera jamais. Nous ne pouvons remonter plus haut que la production de ce premier germe, de cette semence originelle : il nous faut l'accepter comme un simple fait. L'imagination de l'artiste s'en est-elle emparée, alors commence son élaboration, qui se poursuit jusqu'au but final, en utilisant tous les moyens en rapport avec sa nature. La beauté d'un thème simple et indépendant se révèle au sentiment esthétique d'une façon immédiate et qui n'admet pas d'autre explication que l'intime appropriation du phénomène à son but, l'harmonie de ses parties, sans avoir égard à un élément externe quelconque. Elle nous plaît par elle-même,

comme une arabesque, comme une colonne, ou comme les
beautés de la nature, les feuilles ou les fleurs.

Rien n'est plus faux et plus fréquent en même temps que
la distinction faite, pour la musique à laquelle on accorde un
caractère de beauté, entre celle qui a un sujet et celle qui n'en
a pas. On se représente la forme artistiquement établie comme
quelque chose d'indépendant, et l'âme, qui s'y répand et la
remplit, comme jouant un rôle tout aussi isolé; on divise ainsi
les compositions musicales en deux grandes catégories, celles
qui sont pleines et celles qui sont vides, comme s'il s'agissait
de bouteilles de champagne. Mais le champagne musical a cela
de particulier, qu'il se dilate *avec* la bouteille.

Si telle idée musicale est heureuse, originale, si telle autre
est commune, elles le sont par elles-mêmes, purement et
simplement. Voici une cadence finale pleine de distinction :
le changement de deux notes peut en faire une platitude.
Nous avons raison de qualifier un thème de grandiose, de
gracieux, de tendre, d'insignifiant, de trivial : mais tous
ces mots s'appliquent au caractère exclusivement musical
de la phrase. Nous employons le plus souvent, pour la détermination de ce caractère, des mots et des idées qui appartiennent
à notre vie morale, comme « fier, sombre, aimable, langoureux,
ardent ». Mais nous pouvons aussi emprunter nos qualificatifs
à un autre ordre de faits, et dire qu'une musique est « vapo-
reuse, printanière, nébuleuse, glaciale ». Les sentiments ne
sont donc, pour la caractéristique musicale, que des phénomènes comme tant d'autres, offrant des analogies dont on peut
faire son profit en vue de ce but spécial. Rien n'empêche d'employer ces épithètes, avec la conscience du rapport qu'elles
expriment : il est même difficile de s'en passer. Mais qu'on
prenne bien garde de dire : « Cette musique *exprime* la
fierté, etc. ».

En examinant attentivement tout ce qui peut servir à une
détermination musicale quelconque dans un thème, nous
acquérons la conviction que, à côté de l'impénétrabilité des
causes finales et ontologiques, il y a cependant la possibilité
de reconnaître un certain nombre d'autres causes, qui nous sont
plus accessibles, et avec lesquelles l'expression attribuée à la
musique est en étroite relation. Tout élément musical isolé
(c'est-à-dire tout intervalle, toute nuance, tout accord, tout

rhythme, etc.) a sa physionomie particulière, son mode d'action
fixe. L'artiste ne peut être expliqué, l'œuvre d'art se prête à
l'être.

Le même motif, entendu avec un accord parfait à l'état
direct, impressionne notre oreille autrement que quand un
accord de sixte l'accompagne ; un intervalle mélodique de septième est d'un tout autre effet qu'un intervalle de sixte ; le
rhythme introduit dans un thème, quelle que soit la nature
ou l'intensité de la sonorité, modifie la manière d'être et l'aspect de ce thème ; enfin, tout facteur musical isolé d'une phrase
concourt nécessairement à ce résultat, que la phrase s'adapte
à une certaine sorte d'expression, et qu'elle agit d'une certaine façon déterminée sur l'auditeur. Ce qui rend la musique
d'Halévy bizarre, celle d'Auber gracieuse, ce qui constitue
le caractère spécial auquel nous reconnaissons de suite Mendelssohn ou Spohr, se ramène à des causes purement musicales, sans qu'il soit besoin d'avoir recours à l'énigmatique
sentiment.

Pourquoi les fréquents accords de quinte et sixte, les thèmes
serrés et diatoniques chez Mendelssohn, le chromatique et
l'enharmonique de Spohr, les rhythmes courts et à deux parties qu'affectionne Auber, etc., produisent-ils une impression
distincte, facilement reconnaissable et qui ne se confond point
avec une autre ? Ce n'est certes pas la psychologie ni la physiologie qui peuvent nous le dire.

Si cependant on veut savoir la cause la plus prochaine de
l'impression ressentie, — et c'est là surtout l'intéressant dans
les arts, — nous répondrons que l'effet passionnel d'un motif
ne réside pas dans le sentiment qui affecte le compositeur, par
exemple, dans la douleur qui l'accable, mais dans les intervalles tourmentés de la mélodie ; ni dans le frémissement de
son âme, mais dans le tremolo des timbales; ni dans le désir
qui le consume, mais dans les successions chromatiques de
l'harmonie. La connexion des deux facteurs, sentiment et
matériel musical, ne doit évidemment pas rester ignorée, il faut
même y prêter une attention toute spéciale ; toutefois, ce qui est
important à établir, c'est que l'étude raisonnée, scientifique de
l'effet produit par une mélodie, ne trouve à s'exercer invaria-
blement et objectivement que sur le facteur exclusivement
musical, et jamais sur la disposition présumée dans laquelle

était le compositeur en écrivant. En partant de celle-ci pour arriver immédiatement à l'étude de l'effet, ou pour expliquer l'un par l'autre, il se pourra qu'en fin de compte on tombe juste ; mais rien n'est moins certain, car on aura passé par-dessus le moyen terme de la déduction, sa cheville ouvrière, qui n'est autre chose que la musique elle-même.

La connaissance pratique du caractère de chaque élément musical est innée au vrai compositeur, qu'il la possède d'une manière consciente ou seulement instinctive. Mais l'explication des différents effets produits par la musique suppose une étude *théorique* des caractères en question, embrassant tout, depuis l'élément à peine perceptible jusqu'aux plus riches combinaisons. Dans l'impression par laquelle une mélodie agit sur nous, il ne faut pas voir une sorte de pouvoir mystérieux, d'influence cachée et merveilleuse que nous devinerions sans être en état de la pénétrer, mais bien la conséquence inévitable, le produit nécessaire des facteurs musicaux dont l'action s'exerce dans une communauté prévue et voulue. Un rhythme bref ou large, une succession diatonique ou chromatique, tout enfin a sa physionomie caractéristique et sa manière propre de nous intéresser ; aussi donnera-t-on au musicien une idée bien plus claire de l'effet d'une œuvre qu'il ne connaît pas, en lui en décrivant les particularités techniques, que par le tableau le plus poétique des sentiments que le critique a éprouvés en l'entendant.

La recherche de la nature de chaque élément musical isolé, de son rapport avec une certaine impression (l'étude du fait seulement, non de la cause première), et l'application des résultats obtenus à des lois générales, voilà en quoi devrait consister cette « théorie philosophique de la musique » que tant d'auteurs ont essayé d'établir, en oubliant de nous dire ce qu'ils entendaient par là. Ce n'est point expliquer l'effet psychique et physique de chaque accord, de chaque rhythme, de chaque intervalle, que de dire : Celui-ci exprime l'espoir, celui-là le découragement, pas plus que si l'on disait : Celui-ci est rouge, celui-là est vert ; on n'y parvient qu'en rangeant les phénomènes particuliers, spécifiques à la musique, dans des catégories esthétiques générales, et en subordonnant celles-ci à un seul principe suprême. Arrivât-on à expliquer chaque facteur dans son isolement, qu'il faudrait ensuite montrer comment s'opère la détermination et la modification des uns par les autres, dans les combinaisons diverses mises en œuvre par le compositeur.

La plupart des musiciens instruits reconnaissent aujourd'hui à l'harmonie et à l'accompagnement contrapuntique une importance esthétique supérieure à celle du *sujet* de la composition ; mais cette conquête du raisonnement est restée trop superficielle, trop bornée à des minuties. On a appelé la mélodie une émanation du génie, l'interprète de la sensibilité, du sentiment, — et à cette occasion les Italiens ont reçu un hommage plein de libéralité ; par opposition à la mélodie, l'harmonie a été considérée comme renfermant la substance, la moelle de l'œuvre, comme une science positive s'acquérant par le travail et la réflexion. Il est vraiment curieux qu'on ait pu se contenter si longtemps de définitions aussi pauvres. Il y a sans doute quelque chose de vrai dans toutes deux ; mais elles ne sont exactes ni dans la généralité qu'on leur donne, ni dans l'isolement où on les place l'une par rapport à l'autre. L'esprit est un, et l'imagination musicale de l'artiste ne peut pas davantage se scinder : la mélodie et l'harmonie d'un thème jaillissent ensemble du cerveau du compositeur. Ni la loi de subordination, ni celle de contraste n'ont de prise sur l'essence du rapport qui lie la mélodie à l'harmonie : elles peuvent ici déployer en même temps une puissance égale, plus loin se céder alternativement le pas, et dans les deux cas, le beau peut se rencontrer au plus haut degré. Est-ce donc l'harmonie — absente — du motif principal dans l'ouverture de *Coriolan* qui donne à cette phrase musicale un caractère si profond et si pénétrant ? Ajoutera-t-on beaucoup de sens et de charme à la mélodie de Rossini : « O Mathilde ! » ou à une chanson populaire napolitaine, en les édifiant sur un *basso continuo* ou des séries compliquées d'accords, au lieu du très-léger échafaudage harmonique sur lequel elles reposent et qui leur suffit ? Cette harmonie a dû éclore en même temps que la mélodie et le rhythme du morceau. Le sens esthétique ne se dégage que de l'ensemble, et quand l'une des parties du tout reçoit quelque atteinte ou est annulée, les autres s'en ressentent. Si la mélodie, ou l'harmonie, ou le rhythme domine, dans la forme donnée par le compositeur à sa pensée, c'est au bénéfice de l'ensemble : voir ici tout le mérite du morceau dans les accords, trouver là de la trivialité dans leur absence ou leur simplicité, est de la pédanterie pure. Le camélia s'épanouit sans odeur, le lis sans couleur, tandis que la rose s'enorgueillit et de son parfum et de ses nuances : le lis et le camélia ont-ils besoin d'emprunter quelque chose à la rose pour être beaux ?

Ainsi, la théorie philosophique de la musique aurait d'abord à rechercher ce qui, dans le domaine spirituel, correspond nécessairement à chaque élément musical, et la nature de ce rapport. La double nécessité d'une base rigoureusement scientifique et d'une riche casuistique rendent la tâche fort difficile, mais non impossible. C'est alors qu'on commencerait à réaliser l'idéal de la musique *science exacte*, au même titre que la chimie et la physiologie.

La manière dont s'effectue chez le musicien l'acte de la composition nous permet de nous rendre parfaitement compte de ce que le principe de beauté en musique a de spécial. Une idée musicale naît dans l'imagination de l'artiste ; il l'élabore, il la met sur le métier jusqu'à ce que le tissu lui apparaisse solidement tramé ; il n'a plus alors qu'à donner le fini artistique à son œuvre, polissant ici, arrondissant là, retranchant ou modifiant plus loin selon les conseils de son goût. Il ne pense point à exprimer une idée ou un sentiment ; ou s'il le fait, c'est en se mettant à un point de vue faux, dont la place est moins dans la musique qu'à côté, et sa composition est alors la traduction musicale d'un programme, qu'il est absolument nécessaire de connaître pour qu'elle soit comprise. Le nom de Berlioz se présente ici de lui-même sous notre plume : si, dans ses œuvres, construites presque toutes sur ce plan, nous ne pouvons approuver le système, nous ne méconnaissons nullement le magnifique talent qui y brille. Liszt a fait de même dans ses « poëmes symphoniques », où il est bien inférieur à Berlioz.

De même qu'un sculpteur pourra tailler dans un bloc de marbre une statue aux formes enchanteresses, tandis qu'un autre, travaillant sur ce même bloc, n'en tirera qu'une chose incongrue et sans grâce, ainsi les notes de la gamme se prêtent à être modelées de façons bien diverses, selon la main qui tient l'ébauchoir. Elles sont le matériel qui a servi pour l'ouverture de Beethoven comme pour celle de Verdi. En quoi celle-là diffère-t-elle donc de celle-ci ? Est-ce par les sentiments plus élevés qu'elle exprime, ou par la plus grande précision avec laquelle elle exprime les sentiments ? Non, mais seulement en ceci, qu'elle offre de plus belles formes musicales. Ce qui fait la musique bonne ou mauvaise, c'est qu'un compositeur trouve des idées heureuses et qu'un autre n'en a que de communes ; c'est que le premier sait mettre en œuvre et développer son thème avec un intérêt toujours nouveau, et que le second ne sait tirer du sien qu'un pauvre parti ; c'est qu'ici les harmonies sont variées, choisies avec goût, le rhythme chaleureux, frémissant comme le pouls qui accuse la vie dans les artères ; là, les combinaisons sonores sont bornées, vulgaires, le rhythme le dispute en originalité à une marche de tambour.

La musique est, de tous les arts, celui qui fait la plus grande consommation de formes, et dans le moindre espace de temps. Modulations, cadences, successions mélodiques et harmoniques s'usent tellement dans une période de cinquante et même de trente ans, que le compositeur soucieux d'éviter les lieux communs finit par ne plus pouvoir s'en servir, et que tous ses efforts tendent à découvrir, élément par élément, une phraséologie musicale nouvelle. Il est permis de dire sans injustice d'une foule de compositions, placées bien au-dessus de la moyenne de leur temps, qu'elles *ont été* belles. L'imagination de l'artiste bien doué découvrira, dans les rapports primitifs et mystérieux des éléments musicaux et dans leurs innombrables combinaisons, ce qu'il y a de plus délicat et de moins apparent ; elle suscitera des formes musicales qui paraîtront émaner de la plus libre fantaisie, et qui seront reliées cependant à des lois nécessaires par un fil d'une imperceptible finesse. On peut dire de ces œuvres ou même de leurs parties qu'elles sont artistiquement intelligentes ; et nous trouvons ici l'occasion de rectifier une assertion d'Oulibicheff qui se prête aisément à être mal interprétée. La musique instrumentale, selon le biographe de Mozart, ne saurait être intelligente (1), parce que l'intelligence, pour

---

(1) Nous interprétons ainsi, faute de mieux, l'adjectif *geistreich*. Le lecteur, pour peu qu'il soit familier avec la langue allemande,

le compositeur, consiste exclusivement dans une certaine manière d'adapter sa musique à un certain programme direct ou indirect. Le fameux *ré dièse* et l'unisson augmenté de l'ouverture de *Don Juan* nous paraissent pouvoir être appelés avec quelque raison des traits d'intelligence ou d'ingéniosité ; mais c'est tout, et jamais le premier n'a représenté, comme le veut Oulibicheff, l'hostilité de Don Juan envers le genre humain, pas plus que le second ne personnifie les pères, les frères, les époux ou les fiancés des victimes du grand débauché. Déjà fort sujettes à caution en elles-mêmes, toutes ces assimilations deviennent bien plus chimériques encore si l'on songe qu'il s'agit de Mozart, la nature la plus musicale, dans le sens absolu du mot, qui ait jamais existé, et qui transformait en musique tout ce qu'il touchait. Oulibicheff voit aussi dans la symphonie en *sol* mineur l'histoire d'un amour passionné, racontée exactement dans ses quatre phases. La symphonie en *sol* mineur est de la musique et rien de plus ; c'est assurément suffisant.

Qu'on ne cherche donc pas dans une œuvre musicale l'exposition de quelque état de l'âme ou de quelque histoire de cœur ; qu'on se borne à y voir de la musique, et on jouira pleinement, purement, de tout ce qu'elle peut donner. Là où le beau musical fait défaut, ce n'est pas avec un programme bien précis ou avec de grands mots qu'on le remplacera ; s'il se trouve dans la composition, tout le reste est superflu. Dans tous les cas, cette méthode donne au jugement musical la plus fausse direction. Les mêmes gens qui veulent assigner à la musique, parmi les manifestations de l'esprit humain, une place qu'elle n'a jamais eue et n'aura jamais parce qu'il n'est pas en son pouvoir de produire la *conviction*, ces mêmes gens ont mis à la mode dans la langue technique le mot *intention*. Il n'y a pas en musique d'intentions, telles du moins qu'on veut les y trouver. Ce qui ne peut être rendu sensible, devenir un phénomène, n'existe pas dans l'art des sons ; et ce qui a été rendu sensible a cessé d'être une simple intention. On emploie généralement en

---

sait combien le mot *geist* est difficile à rendre en français, dans sa signification étendue. — *N. du Trad.*

bonne part la phrase : « Il a des intentions » ; nous y verrions plutôt un blâme, car, au fond, cela ne veut pas dire autre chose que : « Il voudrait bien, mais il ne peut pas ». En allemand, *kunst* (art) vient de *können* (pouvoir) ; qui ne peut rien, se contente d'intentions.

Aux éléments purement musicaux d'une œuvre, seule origine du beau qu'elle peut renfermer, se rapportent encore les lois de la construction de cette œuvre. Il règne à cet égard bien des opinions mal assises et même absolument fausses. Une seule nous occupera ici : c'est la caractéristique courante de la sonate et de la symphonie, issue de la théorie du sentiment. Le compositeur, d'après cette poétique pleine de profondeur, doit dépeindre dans les quatre parties de la sonate quatre états de l'âme, différents mais connexes entre eux (De quelle manière peuvent-ils l'être ?). Pour expliquer l'incontestable corrélation des quatre morceaux et la diversité de l'effet produit par chacun, on oblige ordinairement l'auditeur à leur attribuer un sujet, à les doter de l'expression d'un certain sentiment. Le moyen peut quelquefois avoir un semblant de justesse ; mais c'est le plus souvent un malheureux expédient, et *jamais* une nécessité. Ce qui sera toujours nécessairement admissible, au contraire, c'est que quatre morceaux, nés et développés suivant les lois de l'esthétique musical, ont un lien commun qui fait d'eux un tout homogène. Nous devons à un ingénieux artiste, le peintre M. de Schwind, une très-curieuse illustration de la fantaisie pour le piano, op. 80, de Beethoven, dont il a considéré les diverses périodes comme représentant une suite de scènes où se meuvent les mêmes personnages principaux. D'une œuvre musicale, le peintre évoque des événements et des figures : l'auditeur y place, absolument de la même manière, des sentiments et une action. Entre l'œuvre et ce qu'on en tire, il peut y avoir une certaine affinité, mais non une relation nécessaire ; et les lois scientifiques n'existent que pour ce qui possède ce caractère de nécessité.

On a souvent dit que Beethoven, en dessinant dans sa tête le plan de certaines de ses compositions, avait en vue tel ou tel événement, tel ou tel état de l'âme. Si Beethoven ou tout autre musicien a procédé quelquefois de cette façon, ce n'a été que pour s'aider, par la contemplation d'un objet unique,

à mettre dans son œuvre la cohésion musicale voulue. C'est
cette unité réalisée dans et par la musique seule, et non pas la
connexion avec l'objectif que s'est proposé le compositeur, qui
donne aux quatre morceaux de la sonate un caractère de
liaison organique. Quand le musicien n'a pas jugé à propos
de recourir à cette poétique lisière, quand il s'est livré à l'inspiration purement musicale, il est impossible de trouver dans
les diverses parties de l'œuvre une autre unité que celle qui
est du domaine exclusif de la musique. Esthétiquement, il est
indifférent que Beethoven se soit donné un sujet en méditant
chacune de ses compositions ; nous ne connaissons pas ces
sujets, ils n'existent donc pas pour l'œuvre. Ce qui est devant
nous, l'entité que nous avons à considérer, c'est l'ouvrage lui-
même, sans aucun commentaire ; et de même que le juriste
est obligé de tirer du monde extérieur, par la supposition,
ce qui n'est pas dans la procédure, de même ce qui vit en
dehors de l'œuvre d'art échappe à notre jugement esthétique.
Si les parties qui composent un morceau nous paraissent offrir
de l'unité, c'est dans leurs seuls éléments musicaux qu'elles
la puisent (1).

---

(1) Quand ces lignes parurent pour la première fois, certains
grands-prêtres de Beethoven, comme M. Lobe, par exemple, n'en
furent pas médiocrement scandalisés. Nous ne pouvons mieux leur
répondre que par la citation suivante, qui corrobore parfaitement
notre manière de voir. Elle est empruntée à l'étude qu'a consacrée
Otto Jahn à la nouvelle édition de Beethoven, publiée par Breitkopf
et Härtel (Jahn, *Gesammelte Aufsätze über Musik*), et fait allusion au
récit bien connu de Schindler, d'après lequel Beethoven, inter-
rogé sur le sens de ses sonates en *ré* mineur (op. 31) et en *fa* mineur (op. 57), répondit : « Lisez *la Tempête* de Shakespeare ». —
« Probablement, dit Jahn, le questionneur a tiré de la lecture de
» *la Tempête* la conviction que l'œuvre de Shakespeare lui pro-
» duisait un tout autre effet qu'à Beethoven, et qu'elle ne sus-
» citait pas en lui la moindre sonate en *ré* mineur ou en *fa* mineur.
» Il n'est certes pas sans intérêt de savoir que c'est ce drame qui
» a été l'occasion des deux créations musicales de Beethoven ; mais
» vouloir chercher dans Shakespeare l'intelligence des sonates, c'est
» tout simplement montrer qu'on est inapte à juger la musique. Dans
» l'adagio du quatuor en *fa* (op. 18, nº 1), Beethoven aurait eu en vue
» la scène du tombeau de *Roméo et Juliette* ; qu'on lise donc attenti-
» vement cette scène dans Shakespeare, et qu'on tâche ensuite de

Nous irons maintenant au-devant d'un malentendu possible en étayant solidement de trois côtés notre conception du beau musical. Telle que nous la formulons dans son sens tout spécifique, elle ne se borne pas à l'époque classique et n'implique nullement une préférence de cette école sur le romantisme. Elle est applicable aux deux, et comprend Bach aussi bien que Beethoven, Schumann tout autant que Mozart. Notre thèse ne contient donc pas le moindre indice de parti pris. Nous avons constamment évité et éviterons encore avec soin tout point de départ chimérique, nous attachant non pas à ce qui *pourrait être*, mais à ce qui *est*. Nous ne prétendons pas déduire de là un idéal musical déterminé qui puisse être considéré comme le beau véritable et absolu; mais nous montrons ce qui est beau à un égal degré dans toutes les écoles, même les plus opposées.

---

» se la représenter en écoutant l'adagio : en résultera-t-il une aug-
» mentation ou une diminution dans la vraie jouissance de l'œuvre
» musicale? Les titres et les programmes, même venant authenti-
» quement de Beethoven, ne sauraient aider beaucoup à la com-
» préhension du morceau; et il est bien plutôt à craindre qu'ils ne
» donnent lieu à des méprises et à des contre-sens, comme il est
» arrivé pour ceux même que Beethoven a publiés. La belle sonate
» en *mi bémol* (op. 81) s'appelle, comme on sait, *les Adieux, l'Ab-*
» *sence et le Retour*; on la donne avec confiance comme un spéci-
» men de « musique à programme ». — *Le titre fait tout d'abord sup-*
» *poser qu'il s'agit d'un épisode en trois phases dans la vie d'un couple*
» *amoureux*, dit Marx, qui nous laisse ignorer si le couple est ma-
» rié ou non, *et la composition en fournit bientôt la preuve*. — *Les*
» *amants ouvrent leurs bras, comme les oiseaux voyageurs ouvrent leurs*
» *ailes*, dit de Lenz en parlant de la fin de la sonate. Or, voici ce
» qu'on lit sur le manuscrit original de Beethoven, en tête du pre-
» mier morceau : L'Adieu, *pour le départ de S. A. I. l'archiduc Rodolphe,*
» *le 4 mai 1809*; et, avant le finale : *Pour l'arrivée de S. A. I. l'archiduc*
» *Rodolphe, le 30 janvier 1810*. Comme Beethoven se serait défendu
» d'avoir voulu présenter à l'archiduc cette *gracieuse femelle, battant*
» *de l'aile au milieu des douces et vivifiantes caresses du zéphyr*, qu'ima-
» gine M. de Lenz !. . . . . . . . . . . . . . . . . . . . . .
» Nous nous félicitons, au résumé, de ce que Beethoven n'a que
» très-rarement donné de semblables explications, dont le résultat
» le plus clair eût été d'induire en erreur bien des esprits peu
» solides, en leur persuadant qu'il suffit de comprendre le titre
» pour comprendre l'œuvre. La musique de Beethoven DIT TOUT
» CE QU'IL A VOULU DIRE. »

Il n'y a pas bien longtemps qu'on a commencé à considérer
les œuvres d'art dans leur rapport avec les idées et les faits
de l'époque où elles ont été créées. Ce rapport évident existe
aussi pour l'art musical. Manifestation de l'esprit humain, la
musique doit être en relation réciproque avec les autres produits de l'activité de l'esprit, avec les créations contempo-
raines des arts du dessin, de la poésie, avec la science, avec
les doctrines sociales de son temps, en un mot avec toutes
les connaissances et convictions que peut avoir acquises le
compositeur. La recherche et la démonstration des rapports en
question, chez un musicien et dans une œuvre musicale, sont
donc parfaitement autorisées et ne peuvent que porter profit.
Mais il ne faut jamais perdre de vue que ce rapprochement des
spécialités artistiques avec le milieu où elles se sont produites
appartient à l'histoire de l'art, non à son esthétique. Si nécessaire qu'apparaisse la connexion de l'esthétique avec l'histoire,
au point de vue méthodologique, il n'est pas moins indispensable que chacune de ces deux sciences reste rigoureusement
dans sa propre nature et n'empiète pas sur le domaine de l'autre.
L'historien peut bien, pour caractériser une période artistique,
dire que Spontini a été « l'expression de l'empire français »,
et que Rossini a « personnifié la restauration » ; mais l'esthéticien n'a à s'occuper que de leurs œuvres, pour découvrir le
beau qu'elles renferment et en donner la raison. Le jugement
esthétique ne connaît rien et ne doit rien connaître de la
biographie du compositeur, ni des circonstances historiques au
milieu desquelles il a vécu ; une seule chose le préoccupe et
s'impose à lui : la valeur absolue de l'œuvre elle-même. Dans
les symphonies de Beethoven, sans connaître le nom ni la vie
de l'auteur, il discernera l'impétuosité, la lutte, l'aspiration
non satisfaite vers un idéal immense, la fierté consciente de
sa force ; il n'y devinera point et ne s'inquiétera guère si
Beethoven a eu des idées républicaines, s'il est resté céliba-
taire, s'il a été sourd la moitié de sa vie, et, en supposant qu'il
connaisse tous ces détails que l'historien tient pour caractéristiques, il en fera abstraction dans l'évaluation de l'œuvre. Comparer les diverses manières d'être, quant au monde extérieur,
de Bach, de Haydn, de Mozart, et greffer sur cette étude un
parallèle entre leurs compositions, est sans doute une tâche
intéressante et méritoire ; cependant, plus on veut lui donner

d'importance, lui attribuer le caractère de nécessité, plus on l'expose à pécher par les conclusions, car le danger imminent, presque inévitable, de l'adoption d'un pareil principe, c'est l'exagération. Il n'est que trop facile de présenter l'influence de milieu, même la moins certaine, comme une loi du développement artistique, et d'interpréter à sa façon et suivant ses besoins la langue des sons, intraduisible pourtant par essence. Un même paradoxe paraît très-raisonnable si c'est un homme d'esprit qui le développe, absurde s'il est soutenu par un homme ordinaire.

Hegel a souvent fait fausse route en parlant de la musique, car il substitue volontiers, et sans y prendre garde, son point de vue préféré de l'histoire de l'art à celui de l'esthétique pure, et veut prouver que la musique possède certain pouvoir de préciser qui, en réalité, ne lui a jamais appartenu. Le caractère d'un morceau de musique a sans nul doute quelque rapport avec celui de son auteur, mais l'esthéticien l'ignore ; on peut d'ailleurs facilement pousser jusqu'à la caricature la démonstration de ce rapport. Il y a aujourd'hui un véritable héroïsme à combattre sur ce terrain les idées régnantes, exprimées souvent de la manière la plus éloquente, la plus spirituelle, et à professer l'opinion que la notion historique et le jugement esthétique sont deux choses distinctes. Il est du moins bien établi, d'abord, que la diversité de l'expression dans les œuvres et dans les écoles dépend de la différence nettement accusée dans la situation des éléments musicaux ; ensuite, que ce qui plaît à bon droit dans une composition quelconque, dans la fugue la plus compliquée de Bach aussi bien que dans le plus rêveur des nocturnes de Chopin, est beau *musicalement*, et rien que musicalement.

Si notre beau musical ne se rencontre guère avec le côté historique de l'art, il est encore moins dépendant de l'une de ses propres branches, l'architecture musicale. La solide superposition des matériaux harmoniques, l'entrelacement ingénieux des parties, ont leur justification imprescriptible ; et cependant les massives et sombres pyramides vocales des Italiens et des Flamands du moyen âge et de la Renaissance occupent une place aussi restreinte dans le domaine du beau que les salières finement ciselées et les candélabres d'argent du vénérable Sébastien Bach.

Beaucoup d'esthéticiens tiennent le plaisir musical pour suffisamment défini par la satisfaction que fait éprouver à notre esprit ce qui est régulier et symétrique ; tandis que jamais figure géométrique ne contint, de par sa régularité seule, une parcelle de beau, et surtout de beau musical. Un thème de la plus insipide vulgarité peut être construit avec une symétrie parfaite. Le mot *symétrie* exprime une notion de rapport ; il provoque ici, sans y répondre, la question : Quelle est la chose symétrique, et à quoi l'est-elle ? C'est dans les plus mauvaises compositions que se trouvent les arrangements les plus réguliers de traits sans originalité ni intérêt, de dessins usés depuis longtemps. Le sens musical demande des formes symétriques toujours nouvelles.

Œrstedt a appliqué à la musique une théorie platonicienne, en symbolisant le beau par la forme du cercle. N'aurait-il jamais senti ce qu'a d'affreux une composition tout à fait *ronde* ?

Ajoutons, plutôt par prudence que par nécessité, que le beau dans la musique n'a rien de commun avec les mathématiques. Certains esprits peu familiers avec les choses de la musique (et il y a dans le nombre des écrivains qui sentent vivement et délicatement) se font une idée extrêmement vague du rôle que jouent les mathématiques dans la composition. Il ne leur suffit pas que les vibrations des sons, les distances des intervalles, les consonnances et les dissonnances de l'harmonie s'évaluent arithmétiquement ; ils sont persuadés que le beau d'une œuvre musicale est aussi fondé sur les nombres. Pour eux, l'étude de l'harmonie et du contre-point est une sorte de kabbale, où s'apprennent les « calculs » de la composition.

Les mathématiques sont indispensables à la connaissance de la partie physique de la musique ; mais quand il s'agit d'une œuvre, leur importance devient infiniment moindre. Rien n'est calculé mathématiquement dans une composition musicale, bonne ou mauvaise. On ne réduit point en chiffres les créations de l'imagination, auxquelles d'ailleurs, il ne faut pas l'oublier, les expériences du monocorde et des sons figurés, les mesures proportionnelles d'intervalles, etc., sont totalement étrangères ; le terrain de l'esthétique ne commence que là où finit celui des rapports élémentaires. Les mathématiques règlent simplement l'emploi du matériel musical en vue de

son adaptation à la conception idéale de l'artiste ; elles ont
un rôle latent dans les rapports les plus simples ; mais la
pensée musicale n'a nul besoin de leur secours pour se faire
jour. Quand Œrstedt dit : « La vie de plusieurs mathéma-
ticiens suffirait-elle à compter toutes les beautés d'une symphonie de Mozart (1)? » nous avouons ne pas comprendre.
Que peut-on ou que doit-on compter? les rapports entre les
vibrations d'un son et celles du suivant, ou peut-être les
longueurs des périodes pour les comparer ensemble ? Ce qui,
d'une série d'éléments musicaux, fait une œuvre musicale, ce
qui élève cette œuvre au-dessus des expériences de physique,
c'est quelque chose de libre, de spiritualisé, qui ne saurait
par conséquent s'évaluer en chiffres.

La part des mathématiques dans l'œuvre musicale est exactement la même, ni plus grande ni moindre, que dans les
manifestations des autres arts. Certes, il faut bien que ce
soient elles qui conduisent la main du peintre et du sculpteur ;
il faut bien qu'elles interviennent dans la métrique des vers,
dans la dimension des strophes, dans les combinaisons de
l'architecte, dans les figures du danseur ; leur emploi a
sa place, comme opération de la raison, dans toute connaissance exacte. Mais il est impossible de leur assigner une puissance créatrice positive, comme le feraient volontiers beaucoup
de musiciens, conservateurs en esthétique. Il en est de cette
science comme de la production des sentiments chez l'auditeur : on la retrouve dans tous les arts : toutefois, ce n'est
qu'à propos de la musique qu'il s'est fait tant de bruit autour
d'elle.

On établit souvent encore un parallèle entre le langage et
la musique, en cherchant à appliquer à celle-ci les lois de
celui-là. Le chant était assez proche parent du langage, si on
avait voulu s'en tenir à la similitude des conditions physiologiques ou à un caractère commun consistant dans la manifestation, par la voix humaine, des pensées ou des sentiments.
Les analogies sont trop frappantes pour que nous ayons
besoin d'y insister ; et nous admettons parfaitement que si, en

---

(1) *Der Geist in der Natur* (l'Esprit dans la nature), tome III, traduction allemande de Kannegiesser, p. 32.

musique, le but à atteindre est simplement l'expression subjective d'un mouvement de l'âme, les lois du langage sont, de
fait, régulatrices jusqu'à un certain point de celles du chant.
Sous l'influence d'une passion, la voix de l'homme s'élève ;
elle s'abaisse quand l'orateur se calme ; on appuie sur certaines
phrases importantes, on les débite lentement, tandis que les
choses indifférentes s'énoncent avec rapidité : le compositeur
qui écrit pour la voix, et spécialement pour le théâtre, sait
tout cela et en fait son profit. Mais les théoriciens ne se sont
pas contentés de ces concordances; ils ont prétendu faire
de la musique elle-même une langue, moins précise ou plus
subtile, et naturellement ils ont essayé de déduire ses lois
esthétiques de la nature du langage. Toute propriété, tout
effet de la musique a été ramené à ce que la parole peut
offrir d'à peu près semblable. Nous sommes d'avis que, lorsqu'il s'agit des caractères spécifiques d'un art, il vaut mieux
s'attacher aux différences qui les séparent de ceux d'un art
voisin ou d'une faculté analogue qu'aux similitudes qui les en
rapprochent. Sans se laisser abuser par ces rapports souvent
fort séduisants, mais qui heureusement n'atteignent pas l'essence de la musique, l'étude esthétique devra tendre sans relâche vers le point où le langage parlé et l'art des sons se
séparent d'une façon complète ; à partir de là seulement, on
peut voir naître des résultats vraiment fructueux pour la
musique. Établissons une bonne fois la différence capitale
suivante : dans le langage, le son n'est qu'un moyen employé
pour exprimer une chose tout à fait étrangère à ce moyen ;
dans la musique, le son est le but, et il est à lui-même son
propre but. La beauté indépendante qui appartient aux formes
sonores, d'un côté, et de l'autre, la domination absolue de la
pensée sur le son réduit à l'état de simple moyen d'expression,
sont deux choses tellement diverses, tellement opposées,
que la confusion d'un principe avec l'autre devient une impossibilité logique.

Le centre de gravité du langage et celui de la musique sont
donc loin d'être placés au même endroit. Toutes les lois spéciales
à la musique gravitent autour de ce principe : signification
indépendante et beauté propre des sons ; — toutes les lois qui
régissent le langage ont leur point de départ dans l'emploi
correct de la phonation ayant pour but l'expression des idées.

Les esthéticiens qui se sont efforcés de faire passer la musique pour une espèce de langue ont suscité les erreurs les plus singulières et les plus nuisibles, dont les conséquences pratiques sont tous les jours sous nos yeux. Ainsi, par exemple, rien n'est plus fréquent que de voir des compositeurs pauvres d'idées dédaigner, comme émanant d'un principe faux et grossier, le beau musical absolu et indépendant, — auquel ils ne sauraient atteindre, — et chanter les louanges de la musique « caractéristique » et « significative ». Laissons de côté les opéras de Richard Wagner ; mais ne trouvons-nous pas souvent, dans les plus petites élucubrations instrumentales, la marche mélodique du morceau interrompue par des cadences échevelées, des lambeaux de récitatif et d'autres hors-d'œuvre qui ont la prétention de signifier beaucoup de choses et ne font en réalité que surprendre l'auditeur? On vante beaucoup certaines compositions modernes où le rhythme principal est à tout instant interrompu pour donner place à de mystérieuses parenthèses, ou à tout un groupe de contrastes; on trouve admirable que la musique s'évertue à forcer les « étroites limites où elle étouffe », à s'ériger en langage. Un pareil éloge nous a toujours semblé porter deux fois à faux : en lui-même d'abord, par la tendance qu'il encourage ; ensuite parce que les limites de la musique ne sont nullement étroites, mais très-solidement fixées, et qu'il est interdit à cet art de faire concurrence à la parole, de « s'ériger » en langage ; — c'est « s'abaisser » qu'il faudrait dire, car la musique serait bien plutôt par elle-même la plus élevée des langues (1).

---

(1) Il faut bien reconnaître qu'une des œuvres les plus grandioses, les plus géniales de tous les temps a contribué, par son éclat même, à la propagation de cette erreur, chère à la critique moderne : la musique poussée dans la voie d'une véritable rivalité avec le langage, et rejetant les entraves de l'eurhythmie, les lois de la belle ordonnance. Nous voulons parler de la neuvième symphonie de Beethoven, l'une de ces lignes de faîte qui se placent, visibles de loin et insurmontables, entre les courants d'opinions opposées.

Les musiciens qui considèrent surtout la grandeur de l' « intention », l'importance du problème abstrait, mettent la symphonie avec chœurs au-dessus de tout ce qui s'est fait en musique; tandis que le petit groupe resté fidèle au principe délaissé du beau, et com-

Voilà ce qu'oublient nos chanteurs, qui, dans les moments passionnés, *parlent*, comme en les exhalant, des mots et même des phrases entières et croient donner par là à la musique sa plus forte expression. Ils ne font pas attention que passer du chant à la parole est toujours descendre d'un degré, et que le plus haut ton normal de la parole sonne toujours plus bas que la plus basse note chantée par la même voix.

Non moins fâcheuses que les conséquences pratiques, et pires encore parce qu'elles n'ont pas le correctif immédiat de l'expérience, sont les théories qui tendent à imposer à la musique les lois de développement et de construction propres au langage : tâche qu'ont voulu accomplir, mais en partie seulement, Rousseau et Rameau au siècle dernier, et que les disciples de Wagner reprennent aujourd'hui. Ces théories, poursuivant le fantôme de la « musique parlante », sont destructives de la vie véritable de notre art, qui est la beauté des formes se suffisant à elle-même. Les esthéticiens devraient attacher la plus grande importance à la distinction capitale à établir entre la nature de la musique et celle du langage, et

---

battant sous le drapeau de l'esthétique pure, s'efforce de contenir leur admiration dans une juste mesure. Comme on le pense bien, c'est du finale qu'il est spécialement question ici, car il ne peut guère y avoir de divergence entre des auditeurs intelligents et bien préparés quant à la haute beauté des trois premiers morceaux, en dépit de quelques taches qu'on y pourrait signaler. Nous n'avons jamais pu voir, dans ce finale, que l'ombre gigantesque projetée par un corps de géant. C'est une grande et magnifique idée que celle de conduire l'âme, désespérée dans son isolement, à la joie immense de la réconciliation universelle : on peut le reconnaître, le sentir vivement, et cependant trouver que la beauté musicale vraie reste absente de ce morceau, malgré toute sa puissante originalité. Nous savons bien quelle réprobation va soulever une opinion aussi paradoxale. Un des écrivains les plus universels et les plus spirituels de l'Allemagne, qui entreprit en 1853 de combattre, dans l'*Allgemeine Zeitung* d'Augsbourg, l'idée fondamentale de la neuvième symphonie, reconnut nécessaire de s'excuser avant d'avoir parlé, et, dès le titre, se qualifia d'« esprit borné ». Il mit en lumière cette énormité esthétique de faire aboutir au chœur une œuvre instrumentale en plusieurs parties, ce qui permet de comparer Beethoven à un sculpteur qui, après avoir fait en marbre blanc les jambes, le buste et les bras d'une statue, lui ajusterait une tête coloriée. On devait croire que tout auditeur délicat ressentirait le même malaise au mo-

maintenir fermement, avec toutes ses conséquences, un principe qui peut se formuler ainsi : en tout ce qui est spécifique à la musique, les analogies de cet art avec le langage n'ont aucune application.

---

ment où la voix vient s'ajouter à l'orchestre, « parce qu'à cet endroit, l'œuvre déplace, par une secousse, son centre de gravité et menace de faire perdre aussi l'équilibre à l'auditeur. » Près de dix ans plus tard, nous avons eu la satisfaction d'apprendre que l' « esprit borné » s'était enfin fait connaître et n'était autre que David Strauss.

D'un autre côté, nous voyons un critique de talent, le docteur Becher, qui est en cela le coryphée du plus grand nombre, qualifier ainsi le finale de la symphonie, dans une étude publiée en 1843 sur cette œuvre : « une émanation du génie de Beethoven avec laquelle aucune autre composition musicale existante ne saurait soutenir la comparaison, pour l'originalité de la forme, la magnificence du plan et la hardiesse de la pensée. » Pour lui, la neuvième symphonie, le *Roi Lear* de Shakespeare et une douzaine d'autres créations de l'esprit humain porté à sa plus haute puissance poétique, « sont l'Himalaya de l'art, et parmi les sommets de même formation, la symphonie représente la crête dominante et inaccessible du Dhawalagiri. » Comme presque tous ceux qui partagent son enthousiasme, Becher cherche à fixer le sens de chacune des quatre parties de l'œuvre, à pénétrer ce qui se trouve à l'état de symbole ; de la *musique* il ne souffle pas mot. Cette manière de procéder caractérise bien toute une école de critique, qui, lorsque la question de la *beauté* d'une œuvre musicale se présente devant elle, s'en tire par l'échappatoire, en scrutant profondément sa *signification*.

# CHAPITRE IV

## ANALYSE DE L'IMPRESSION SUBJECTIVE DE LA MUSIQUE

Le principe et, tout à la fois, le but principal de l'esthétique musicale est pour nous, comme on a pu le voir d'après tout ce qui précède, la restitution au beau absolu de la primauté que s'était arrogée le sentiment. Cependant ce dernier est trop souvent affirmé dans la vie musicale pratique, il y est trop constamment en vue pour être mis de côté par un simple déplacement de rang.

La source du beau artistique étant non pas le sentiment, mais l'imagination, état actif de la contemplation pure, l'œuvre musicale apparaît au théoricien comme une création spécifiquement esthétique, indépendante de notre sentiment, et qui doit contenir dans sa structure l'élément scientifique, considéré à part de l'accessoire psychologique de sa genèse et de l'effet produit. Mais, quand on en arrive aux faits, cette œuvre d'art autonome se présente comme un intermédiaire actif entre deux forces : le *unde* et le *quo*, l'auteur et l'auditeur. Dans l'œuvre d'art terminée, impersonnelle, considérée en dehors de l'exécution qui lui donne une seconde vie, l'action artistique de l'imagination est comme le métal extrait du minerai et purifié, tandis qu'au courant de l'élaboration par celui qui crée et de la perception par celui qui reçoit, elle ne saurait se dégager de tout alliage, étant perpétuellement en contact avec des sentiments et des sensations. La faculté de sentir joue donc avant et après la création de l'œuvre, chez l'auteur d'abord, chez l'auditeur ensuite, un rôle important et dont nous ne devons pas détourner notre attention.

Parlons d'abord du compositeur. Pendant qu'il procrée son ouvrage, il est dans une disposition d'esprit dont on peut aisément s'imaginer la noblesse et l'élévation, puisqu'il s'agit de faire sortir le beau du puits de l'imagination. On sait, et toutes les théories artistiques l'ont dit, que cette disposition spéciale reçoit plus ou moins le coloris de l'œuvre à mesure que celle-ci prend corps selon l'individualité de l'artiste, qu'elle est sujette à des hauts et à des bas, sans aller jamais jusqu'à un état accablant qui annihilerait toute production artistique, et que la claire perception des choses y peut revendiquer une importance au moins égale à celle de l'état d'enthousiasme. En ce qui concerne particulièrement le travail du compositeur, il doit être bien établi que c'est une continuelle mise en œuvre des *formes* musicales, une sorte de plastique des rapports des sons. La souveraineté du sentiment, dont on enrichit si volontiers la musique, n'apparaît nulle part aussi mal justifiée que quand on la suppose chez le musicien pendant l'acte de la composition, et quand on considère cet acte comme une improvisation échappée à l'enthousiasme. Le travail prudemment conduit par lequel un morceau de musique, dont le compositeur n'entrevoyait d'abord que de légers linéaments, arrive à sa forme définitive, jusque dans les moindres détails, est si réfléchi et si compliqué, que celui qui n'a jamais mis la main à l'œuvre a bien de la peine à s'en rendre compte. Ce n'est pas seulement dans les passages fugués ou contrapuntiques, combinés note par note, que l'attention, la réflexion, le soin, sont nécessaires; le rondo le plus léger, l'air le plus mélodieux, les réclament aussi à leur manière. Pas plus que le sculpteur, dont l'action a tant d'analogie avec la sienne, le compositeur n'est lié servilement à sa matière, car il a, comme lui, un idéal à réaliser, à faire passer dans la forme.

Rosenkranz n'a sans doute pas songé à tout cela quand il a fait remarquer ce fait, suivant lui contradictoire, que les femmes, généralement bien douées du côté du sentiment, n'ont que peu d'aptitude pour la composition (1). La raison de cette

----

(1) *Psychologie*, 2ᵉ éd., p. 60.

incapacité naturelle se trouve, — sans parler des conditions
générales qui tiennent les femmes à distance des hautes productions de l'esprit, — dans le côté plastique de la composition, qui n'exige pas moins que les arts du dessin, quoique
dans une autre direction, l'oubli du moi, de la subjectivité.
Si la force et la vivacité de la manière de sentir étaient vraiment l'origine des créations artistiques, il serait bien difficile
d'expliquer le manque presque absolu de femmes compositeurs,
à côté du grand nombre de femmes écrivains ou peintres. Ce
n'est pas le sentiment qui compose, mais l'organisation spécialement musicale, fécondée par le travail. Aussi est-il vraiment divertissant de voir F.-L. Schubart appeler les « an-
dante magistraux » du compositeur Stamitz une « conséquence de la sensibilité de son cœur (1) », ou Christian Rolle
affirmer que « un caractère affable, bienveillant, nous rend
aptes à convertir d'ennuyeux morceaux en chefs-d'œuvre (2). »

Sans chaleur intérieure, on ne peut rien faire de grand ni
de beau. Le sentiment se trouvera très-développé chez le
compositeur, comme chez tout vrai poëte; mais ce n'est pas
par lui que le poëte et le compositeur créent. En admettant
même qu'un sentiment puissant et bien défini remplisse l'artiste tout entier, ce sera là, si l'on veut, l'occasion, la consécration d'une œuvre d'art, jamais son *sujet*, — car nous
savons maintenant que la musique n'a ni la mission, ni le
pouvoir d'exprimer un sentiment déterminé.

C'est un chant intérieur, et non un sentiment intérieur qui
pousse le musicien à composer. Il est désormais bien établi que l'acte de la composition est purement musical, et
que le caractère de l'œuvre n'est point un reflet des sentiments personnels du compositeur. Quelquefois, mais par
exception seulement, celui-ci improvise ses mélodies en cherchant à leur faire exprimer l'état de son âme. Mais alors le
caractère de la passion qui remplissait le musicien, une fois
absorbé par l'œuvre, n'intéresse l'auditeur que comme une

---

(1) *Ideen zu einer Aesthetik der Tonkunst* (Idées pour une Esthétique de la musique), 1806.

(2) *Neue Wahrnehmungen zur Aufnahme und Ausbreitung der Musik*
(Nouvelles observations sur l'usage et la propagation de la musique), Berlin, 1784, p. 102.

donnée musicale d'une certaine précision, comme caractère de l'œuvre, et non plus du compositeur.

Nous avons comparé à la *plastique* le travail de la composition : considéré ainsi, il est principalement objectif. Le compositeur forme, façonne le beau, qui existe par lui-même. Mais la matière des sons, matière pour ainsi dire intelligente, admirablement propre à l'expression, permet à la personnalité de celui qui la pétrit d'y laisser son empreinte. Les éléments de la musique possèdent déjà chacun un caractère propre, comme nous l'avons vu ; rien n'empêchera les traits caractéristiques dominants chez le compositeur, la sentimentalité, l'énergie, l'élégance, de se révéler en outre par le choix approprié de certaines tonalités, de certains rhythmes, de certaines transitions, dans la limite de ce que la musique est apte à rendre. Les productions du compositeur sentimental, celles du compositeur chez qui la tête domine le cœur, les œuvres gracieuses ou les œuvres fortes, sont d'abord et avant tout de la musique, une formation objective. L'élément subjectif est toujours primé par l'autre ; seulement, il vient s'ajouter à lui, dans des proportions qui varient avec l'individualité du compositeur. Qu'on compare les natures où la subjectivité est prépondérante, pour lesquelles il s'agit surtout d'exprimer ce qu'elles renferment de puissant ou de tendre (Beethoven, Spohr), avec celles qui sont remarquables surtout par la clarté de la forme (Mozart, Mendelssohn) : les compositions de ces maîtres se distinguent les unes des autres par des caractères spéciaux qu'on ne peut méconnaître, et l'individualité de chaque auteur se réfléchit dans l'ensemble de son œuvre comme dans un miroir ; cependant, toutes sans exception ont été créées, dans leur beauté indépendante, comme *musique pure*, en vue d'elles seules, et l'élément subjectif n'a fait que les modifier plus ou moins, sans franchir les limites de cette formation artistique idéale. En poussant le raisonnement à l'extrême, nous dirons qu'on peut s'imaginer une musique qui ne serait que de la musique, tandis qu'on n'en conçoit pas qui ne serait que du sentiment.

Ce n'est point le sentiment éprouvé par le compositeur, état tout subjectif, qui commande à celui de l'auditeur et en éveille un semblable chez lui. Accorder à la musique un tel pouvoir coercitif, c'est reconnaître par là même, comme origine à ce pouvoir, quelque chose d'objectif que renferme la musique, car l'objectif seul, dans le domaine du beau, est assez indépendant pour posséder la force qui contraint ; et ce qui le constitue, ici, ce sont les éléments exclusivement musicaux d'une œuvre. Dans un sens rigoureusement esthétique, nous pouvons dire d'un thème quelconque qu'il a l'allure fière ou triste, mais non qu'il est l'expression des sentiments de fierté ou de tristesse du compositeur. — L'influence des événements politiques ou sociaux contemporains de l'auteur se retrouvera encore bien moins dans ses ouvrages que ses propres sentiments. L'expression exclusivement musicale du thème est le produit nécessaire de ses facteurs simples, choisis de telle ou telle façon. Il faudrait prouver que le choix des facteurs, dans tel ouvrage, a été déterminé par des motifs de psychologie ou de culture historique, et le prouver plus amplement que par la date et le lieu de la naissance du compositeur ; puis, la démonstration faite, il se trouverait encore que la corrélation découverte n'est qu'un simple fait historique ou biographique. L'appréciation esthétique ne peut s'appuyer sur aucune circonstance étrangère à l'œuvre étudiée.

Autant il est certain que l'individualité du compositeur trouvera dans ses œuvres une expression symbolique bien caractérisée, autant on se tromperait en voulant rattacher à cette affirmation de personnalité des idées ou des qualités qui, en réalité, découlent directement de l'objectivité de la création artistique. Ce qu'on appelle le *style* est du nombre (1).

Nous aimerions que le style fût envisagé sous son côté pratiquement musical, et considéré comme la perfection de la technique du compositeur, se manifestant dans une possession entière et habituelle lors de l'expression de la pensée.

---

(1) Forkel est donc dans l'erreur lorsqu'il explique les différentes manières d'écrire en musique par « les différentes manières de penser », ce qui le conduit à dire que si chaque compositeur a un style à lui, c'est parce que « l'homme exalté, vaniteux, froid, puéril ou pédant met, dans la forme et dans l'enchaînement de ses pensées, de l'exagération, une emphase insupportable, une indifférence glaciale, de la niaiserie ou de l'affectation. » (*Theorie der Musik*, 1777, p. 23.)

Un maître prouve qu'il a du style quand, en réalisant l'idée
clairement conçue, il sait éviter tout ce qui est mesquin,
inopportun, trivial, et conserver à chaque détail ce qui le
rattache à l'ensemble. Avec Vischer (*Aesthetik*, § 527), nous
emploierions volontiers le mot *style* dans son sens absolu,
même en musique, et nous dirions, faisant abstraction de
toute classification historique ou individuelle : « Ce compositeur a du style », dans le même sens qu'on dit : « Cet homme
a du caractère. »

Dans la question de style, le côté architectonique du beau
musical vient naturellement se placer au premier plan. Plus
précis et plus délicat dans ses lois que les simples proportions, le style musical peut être compromis par une seule
mesure, qui, irréprochable en soi, ne s'harmoniserait pas
avec l'expression de l'ensemble. Nous disons d'une cadence
ou d'une modulation mal amenée et rompant l'unité du morceau, comme d'une arabesque mal placée en architecture,
qu'elle manque de style. Nägeli a fait preuve de justesse
d'esprit lorsqu'il a montré des défauts de style dans quelques
œuvres instrumentales de Mozart, en prenant pour point de
départ non pas le caractère du compositeur, mais les lois et
conditions objectives de la musique : à la vérité, il n'est pas
allé plus loin et n'a ni motivé ni généralisé l'idée.

Un sentiment personnel ne trouve donc à se faire jour, dans
le travail de la composition, qu'autant que l'activité objective,
à laquelle appartient la prééminence, le lui permet.

L'acte par lequel peut se produire l'effusion immédiate
d'un sentiment, les sons en étant le véhicule, n'est pas tant
la création de l'œuvre que sa reproduction par l'exécution.
Au point de vue philosophique, l'œuvre est complète lorsqu'elle est composée, et l'exécution n'entre pas en ligne de
compte ; mais cette manière abstraite de considérer les choses
ne doit pas nous empêcher d'accorder l'attention qu'elle mérite
à la division de la musique en *création* et *reproduction*, — un
des priviléges les plus féconds de notre art, — partout où cette
division peut contribuer à faire mieux comprendre un phénomène.

Elle est surtout précieuse dans l'étude de l'impression subjective de la musique. L'exécutant a l'avantage de pouvoir
exprimer d'une façon immédiate, avec son instrument, le

sentiment qui l'anime, de traduire par son jeu l'ardeur impétueuse, le désir brûlant, le bonheur calme ou l'expansion
enjouée qui est sa disposition actuelle. Déjà une sorte
d'émotion, purement corporelle, qui transmet son frémissement
aux cordes par l'extrémité des doigts ou par l'archet, ou qui
se révèle sans intermédiaire dans les sons chantés, facilite
l'intervention de la personnalité de l'exécutant dans l'œuvre
qu'il interprète. La subjectivité se manifeste ici par la réalité
des sons, et non plus virtuellement par leurs combinaisons
muettes encore. Le compositeur crée lentement, en s'y repre-
nant : le virtuose est emporté dans un vol ininterrompu ; ce que
produit le premier est durable : le second ne remplit que
l'instant présent. L'œuvre musicale se construit plastiquement ;
c'est par l'exécution seule que nous nous l'assimilons, et c'est
l'exécution qui en fait jaillir le sentiment, qui en tire l'étincelle
électrique et la dirige au cœur de l'auditeur. A la vérité, le
virtuose peut se borner à rendre exactement ce que contient
la composition ; cependant celle-ci n'est pas sans l'obliger en
quelque sorte à ne pas s'en tenir d'une façon servile à la note.
Oui, « c'est l'esprit du compositeur que l'exécutant devine,
et fait comprendre », mais la manière de le faire comprendre
appartient à l'exécutant, elle est son « esprit » à lui. Un
morceau de musique charme ou ennuie, suivant la manière dont
l'interprétation lui donne la vie. C'est comme un homme qui
diffère de lui-même d'un jour à l'autre : hier transfiguré par
l'enthousiasme, aujourd'hui abattu par le découragement ou
plongé dans une placide insouciance. La boîte à musique la
plus artistement faite n'excitera jamais la moindre émotion
chez l'auditeur ; le plus modeste musicien peut y arriver, s'il
met de l'âme dans son exécution.

Il suit de là que rien ne favorise mieux et plus immédiatement la manifestation d'un état moral par la musique que
la réunion, dans un même acte, de la création et de l'interprétation ; c'est là ce que réalise l'improvisation libre. Quand
l'artiste qui improvise ne se borne pas à chercher le beau
dans les formes seules, et que la tendance subjective (pathologique dans le sens le plus élevé) se fait sentir de préférence
dans ce qu'il crée au courant de sa fantaisie, alors l'expression
que ses doigts arrachent au clavier peut devenir un vrai
langage. Celui qui a compris et senti ce langage sans

entraves, cet abandon de soi-même, celui-là n'a pas besoin d'autre chose pour savoir comment l'amour, la jalousie, le plaisir et la douleur sont évoqués de leur néant, rendus sensibles jusqu'à l'évidence sans que pourtant rien les désigne, comment ils célèbrent leurs fêtes, chantent leurs légendes et livrent leurs combats, troublant tous nos sens jusqu'à ce que le maître les rappelle et les calme.

L'expression du morceau exécuté se transmet, par la libre action du virtuose, à l'auditeur. Occupons-nous maintenant de celui-ci.

Nous le voyons impressionné par ce qu'il entend, ému de joie ou de tristesse, rempli d'enthousiasme ou profondément ébranlé bien au delà du simple plaisir esthétique. Ces effets produits par la musique atteignent quelquefois le plus haut degré d'intensité ; ils sont réels, incontestables, trop connus même pour que nous nous attardions à les décrire. Deux questions seulement se présentent ici : En quoi le caractère de cette émotion produite par la musique diffère-t-il de celui des autres sentiments ? Quelle en est la partie *esthétique* ?

Tous les arts, sans exception, ont le pouvoir d'agir sur nos sentiments ; mais on ne peut nier qu'il y ait quelque chose de tout spécial dans la manière dont la musique exerce cette action. Aucun art, d'abord, ne touche notre âme avec plus de rapidité. Quelques accords peuvent suffire à nous jeter dans un état auquel le poëme ne nous amènera qu'après une longue exposition, le tableau que par une contemplation méditative qui exige aussi un certain temps ; et cependant poésie et peinture ont sur la musique cet avantage, qu'elles disposent de tous les moyens d'imagination que le raisonnement nous montre comme ayant action sur le sentiment du plaisir et sur celui de la douleur. Mais l'action de la musique n'est pas seulement la plus rapide, elle est aussi la plus immédiate et la plus intense. Les autres arts nous prennent par la persuasion ; la musique nous envahit. Nous ressentons, dans sa plus grande énergie, cette violence faite à notre âme lorsque nous nous trouvons dans un état préalable de surexcitation ou d'abattement.

Dans des situations morales où tableaux, poëmes, statues ou édifices solliciteraient en vain notre attention, la musique garde encore son pouvoir et le fait même sentir plus vivement que dans les circonstances ordinaires. Si l'on est

obligé d'en entendre ou d'en exécuter alors, certaines douleurs
poignantes vous étreignent : elle fait l'effet du vinaigre sur une
blessure. La forme et le caractère de l'œuvre entendue perdent
toute importance ; le morceau peut être un adagio lugubre
ou une valse brillante, nous en avons à peine conscience : les
sons seuls, dépouillés de leur signification, agissent sur nous,
et la musique nous semble une puissance diabolique et sans
nom, acharnée jusqu'à la rage sur notre système nerveux.

Lorsque Gœthe, dans un âge avancé, subit, une fois encore,
le pouvoir de l'amour, il s'éveilla en lui une sensibilité musicale
qu'il n'avait jamais connue. Il décrit, dans une lettre à Zelter,
ces beaux jours de Marienbad (1823) : « Quelle immense
» influence la musique a sur moi maintenant ! La belle voix
» de la Milder, l'harmonieuse exécution de la Szymanowska,
» et même les concerts publics de notre corps de chasseurs,
» me détendent comme le poing fermé qu'un sentiment amical
» desserre. Je suis pleinement convaincu que, dans la *Singa-
» cademie*, l'émotion m'obligerait à quitter la salle dès la pre-
» mière mesure. » Trop perspicace pour ne pas reconnaître la
part que la surexcitation nerveuse avait dans ce nouvel état,
Gœthe termine ainsi : « Tu me guérirais d'une irritabilité
» maladive qui est certainement la cause première de ce phé-
» nomène (1). » Nous devons conclure de là qu'un élément
qui n'appartient pas à l'esthétique pure est aussi en jeu dans
les effets produits sur nous par la musique. L'effet esthétique
s'adresse au système nerveux dans la plénitude de sa santé et
ne saurait faire fond sur l'état maladif qui augmente ou
diminue sa sensibilité.

L'action directe que la musique exerce sur nos nerfs la place
bien au-dessus des autres arts pour la puissance. En examinant la nature de cette prédominance, nous voyons qu'elle est
*qualitative*, et que sa qualité dépend de conditions physiologiques. Le facteur matériel qui, dans toute jouissance artistique, sert de support au facteur spirituel, est plus considérable dans la musique que dans les arts du dessin et la poésie.
Le plus idéal des arts par ses éléments presque immatériels,
le plus sensuel quand on le considère au point de vue du jeu

------

(1) *Correspondance entre Gœthe et Zelter*, t. III, p. 332.

de ses formes, indépendant de tout objectif précis, la musique montre, dans cette mystérieuse réunion de deux antithèses, une remarquable tendance d'assimilation avec les nerfs, ces organes non moins indéfinissables de l'invisible service télégraphique entre l'âme et le corps.

L'effet de la musique sur le système nerveux est pleinement admis aussi bien par la psychologie que par la physiologie. Malheureusement, il n'est pas encore expliqué d'une façon satisfaisante. La psychologie n'a jamais pu arriver à analyser avec certitude la puissance quasi-magnétique de l'impression que certains accords, certaines sonorités, certaines mélodies produisent sur l'organisme de l'homme, et cela parce que le premier agent de cette impression est une excitation des nerfs. Malgré ses immenses progrès et le crédit croissant dont elle jouit, la physiologie n'a pas mieux réussi à élucider la question.

Quant aux monographies musicales de ce problème à deux faces, elles aiment généralement mieux placer la musique dans une sorte de gloire extra-terrestre, l'entourer du nimbe des thaumaturges, que de ramener à son caractère véritable et nécessaire, par l'étude scientifique, le lien qui met la musique en rapport avec notre système nerveux. C'est pourtant là seulement ce qui nous manque, et nous n'avons pas plus à nous préoccuper de la foi imperturbable d'un docteur Albrecht, qui ordonnait la musique à ses malades comme sudorifique, que de l'incrédulité d'OErstedt, qui prétend (1) faire aboyer un chien au diapason de tel ou tel son, par l'application raisonnée d'une bastonnade dont les variations accoutumeraient l'animal à suivre celles de la gamme.

Beaucoup d'amis de la musique ignorent sans doute que nous possédons toute une littérature sur les effets corporels de la musique et son emploi comme moyen curatif. Riches de faits curieux, mais insuffisants quant à l'observation et fort peu scientifiques dans les explications, la plupart de ces ouvrages empiriques cherchent à ériger une propriété très-contingente et accessoire de la musique en loi indépendante et générale.

---

(1) *Der Geist in der Natur*, III, 9.

Depuis Pythagore, qui fit le premier, dit-on, de ces merveilleuses cures musicales, jusqu'à l'époque où nous vivons, on a toujours vu surgir de temps à autre, plutôt avec de nouveaux exemples qu'avec des idées nouvelles, la doctrine de l'emploi efficace de la musique pour la guérison ou le soulagement de nombreuses maladies. Dans son *Médecin musical*, Peter Lichtenthal expose avec un grand luxe de détails comment le pouvoir des sons a eu maintes fois raison de la goutte, de la sciatique, de l'épilepsie, de la catalepsie, de la peste, des convulsions, de la fièvre chaude, de la fièvre nerveuse, et même de l'idiotisme (*stupiditas*) (1).

Ces écrivains se divisent en deux catégories, quant au point de départ de leurs théories.

Les uns prennent ce point de départ dans le corps humain, et expliquent la puissance curative de la musique par l'effet physique des ondes sonores, qui se communiquent au moyen du nerf auditif à tout le système nerveux, et amènent, par la secousse générale qui en résulte, une réaction salutaire dans l'organisme troublé. Les émotions qui se manifestent alors ne seraient qu'une conséquence de l'ébranlement nerveux, attendu que non-seulement les passions provoquent des modifications corporelles, mais encore celles-ci peuvent, de leur côté, éveiller les passions qui leur correspondent.

De cette théorie, imaginée par l'Anglais Webb et adoptée par Nicolai, Schneider, Lichtenthal, J.-J. Engel, Sulzer et autres, il résulterait que nous subissons l'influence de la musique à la façon de nos fenêtres, qui se mettent parfois à vibrer lorsque certains sons se produisent.

A l'appui de leur système, ces auteurs citent volontiers des exemples comme celui du domestique de Boyle, dont les gencives saignaient lorsqu'il entendait aiguiser une scie; ils allè-

---

(1) Le comble du ridicule, en ce genre, a été atteint par le célèbre médecin Giambattista Porta, qui combinait les plantes médicinales avec les instruments de musique, traitant l'hydropisie par des mélodies qui devaient être jouées sur une flûte fabriquée avec une tige d'ellébore, la sciatique par de la musique exécutée sur un instrument en bois de peuplier, les syncopes par des airs qu'on faisait entendre sur un flageolet taillé dans un bâton de cannelle. (V. l'*Encyclopédie*, article « Musique ».)

guent aussi ce fait, qui n'est pas rare, de personnes assez ner-
veuses pour entrer en convulsions lorsqu'on fait résonner auprès
d'elles un verre en y promenant la pointe d'un couteau.

Mais ce n'est pas là de la musique. L'art et les phénomènes
physiologiques en question ont bien la même base, le son, et
nous tirerons plus tard de cette communauté d'origine des
conséquences qui ne sont pas sans importance ; mais nous
nous bornerons ici à faire observer, en réponse aux systèmes
matérialistes, que l'art ne commence que là où cessent les
effets isolés et purement physiques dont on a voulu faire si
grand bruit, et que la tristesse, par exemple, qu'excite en nous
l'audition d'une marche funèbre ou d'un adagio, n'a rien de
commun avec la sensation corporelle d'une sonorité discordante
et grinçante.

Les auteurs de la deuxième catégorie, et parmi eux Kausch et la
plupart des esthéticiens, font intervenir la psychologie dans les
effets curatifs de la musique. Voici leur raisonnement : La
musique fait naître dans l'âme des émotions et des passions,
lesquelles ont pour conséquence de violentes secousses du système nerveux qui, à leur tour, provoquent la réaction salutaire
(style consacré) dans l'organisme malade. Il n'est pas bien
nécessaire de signaler les soubresauts de cette argumentation ;
l'école dite psychologique l'a cependant défendue contre l'école
matérialiste, sa devancière, avec une telle ténacité, qu'elle
en est venue à nier, avec l'Anglais Whytt, et au mépris de
toutes les lois de la physiologie, la connexion du nerf auditif
avec les autres nerfs, sans s'apercevoir qu'alors la transmission de l'excitation reçue par l'oreille devenait impossible.

Il n'y a assurément rien de déraisonnable dans l'idée de
provoquer chez l'homme, par la musique, des émotions ou des
sentiments déterminés, comme l'amour, la mélancolie, la joie,
la colère, dans le but d'exercer, par leur influence, un effet bien-
faisant sur le corps. Mais chaque fois que ce sujet se présente
à notre esprit, nous nous rappelons l'originale appréciation
émise par un de nos plus célèbres naturalistes sur les *chaînes
électro-magnétiques* de Goldberger. « Il n'est pas démontré,
disait-il, qu'un courant électrique puisse guérir certaines
maladies ; mais ce qui l'est, c'est qu'on ne trouvera pas
trace d'électricité dans les chaînes de Goldberger. » Nous
dirons de même à nos docteurs en musique : « Il est possible que,

dans une maladie, certaines émotions amènent une crise favorable; mais ce qui est impossible, c'est d'exciter à volonté et en tout temps ces émotions par la musique. »

Les deux théories, psychologique et physiologique, ont cela de commun que, partant d'un principe douteux, elles aboutissent, par des déductions plus douteuses encore, à la moins certaine des conclusions pratiques. Une vraie méthode curative s'accommoderait de démonstrations logiques, et il ne peut qu'être désagréable à ceux qui en prônent une telle quelle, que les médecins ne se soient pas encore décidés à ordonner l'audition du *Prophète* dans les cas de fièvre typhoïde, ou à substituer le cor de chasse à la lancette.

L'effet de la musique sur le corps humain n'est, en résumé, ni assez puissant, ni assez sûr, ni assez indépendant d'autres conditions psychiques et esthétiques, ni enfin assez facile à produire à tout instant, pour qu'on puisse lui accorder une importance comme moyen curatif.

Toute cure menée à bien à l'aide de la musique a le caractère d'un cas exceptionnel dont la réussite ne peut être attribuée au traitement musical seul, mais a dépendu en même temps de conditions de corps et d'esprit toutes spéciales, peut-être même absolument individuelles. Il est bien remarquable que le seul emploi effectif de la musique en médecine, celui qui s'applique à la folie, est fondé précisément sur la partie morale de l'effet musical ; car la psychiatrique moderne se sert fréquemment et avec succès de la musique. Mais alors l'heureuse influence des sons ne consiste pas dans l'ébranlement physique du système nerveux, ni dans l'excitation des passions ; elle s'exerce uniquement comme calmant et rasérénant, tantôt par la distraction qu'elle apporte aux préoccupations sombres, tantôt en captivant tout entier l'esprit surexcité. L'aliéné ne perçoit, sans doute, que ce qu'il y a de matériel dans un morceau de musique ; cependant, lorsqu'il écoute avec attention, il y a, dans la manière dont il s'assimile ce qu'il entend, quelque chose qui tient, d'un peu loin si l'on veut, à l'esthétique.

Maintenant, comment tous ces ouvrages médico-musicaux ont-ils contribué à la connaissance scientifique de notre art ? En confirmant l'existence d'une forte agitation physique dans tous les mouvements de l'âme, émotions ou passions, provoqués par la musique. S'il est une fois bien établi qu'une par-

tie intégrante de ces mouvements moraux est physique, il s'ensuit que le phénomène observé, se produisant principalement
dans notre organisme nerveux, doit être examiné aussi sous ce
point de vue corporel. Le musicien ne peut donc se faire
aucune opinion arrêtée sur l'ensemble de la question avant de
s'être rendu compte de l'état actuel de la science quant à
l'étude physiologique de la corrélation entre la musique et
les sentiments.

Du trajet que doit accomplir une mélodie pour produire un
effet sur notre âme, nous connaissons suffisamment la partie
comprise entre l'instrument producteur du son et le nerf auditif,
grâce surtout aux belles découvertes de Helmholtz, exposées
dans sa « Théorie des sensations musicales » (*Lehre von den
Tonempfindungen*). L'acoustique détermine exactement les conditions extérieures dans lesquelles nous percevons un son quelconque et le distinguons d'un autre; l'anatomie nous révèle,
avec le secours du microscope, la structure de l'organe de
l'ouïe jusque dans ses détails les plus subtils; la physiologie,
enfin, qui ne peut pratiquer directement d'expériences sur cette
merveille d'architecture, petite, délicate et profondément
cachée, est parvenue cependant à en découvrir le jeu, en partie avec certitude, en partie à l'aide d'une hypothèse formulée
par Helmholtz, et qui achève d'expliquer avec une clarté parfaite tout ce qui appartient à la physiologie dans les sensations
produites par les sons. A un degré plus élevé encore, sur un
terrain où l'histoire naturelle touche de très-près à l'esthétique,
les recherches de Helmholtz ont jeté une vive lumière sur la
question, jusque-là si obscure, de la consonnance des sons
et de leurs attractions mutuelles.

Mais, arrivés là, nous sommes au bout de nos connaissances
positives. Ce qu'il y a de plus important pour nous est resté
inexpliqué, à savoir l'action nerveuse par laquelle la sensation du son devient sentiment, état de l'âme. La physiologie sait
que ce que nous percevons comme *son* est un mouvement mo-
léculaire produit dans la substance nerveuse, et que les organes
centraux éprouvent au moins autant que celui de l'ouïe. Elle
sait que les fibres du nerf acoustique correspondent avec celles
des autres nerfs et leur transmettent les secousses reçues par
elles-mêmes, que l'ouïe est en rapport direct avec le cerveau
et le cervelet, le larynx, le poumon, le cœur. Mais elle ignore

la manière spéciale dont la musique agit sur les nerfs, et plus
encore ce qui revient, dans cette action, à chacun des facteurs
musicaux distincts, accords, rhythmes, instruments, etc., suivant leur nature et suivant celle des nerfs récepteurs. Une sensation acoustique se répartit-elle sur tous les nerfs en relation
avec le nerf auditif, ou seulement sur quelques-uns, et avec
quelle intensité ? Quels sont les éléments musicaux qui affectent plus particulièrement le cerveau, les nerfs conduisant au
cœur, ceux qui vont aux poumons ? Il est certain que la musique de danse cause un frémissement dans tout le corps, et
spécialement dans les pieds, chez les jeunes gens, par exemple, dont les usages de la civilisation n'ont pas encore contenu le
tempérament. Ce serait se montrer partial que de nier l'influence physiologique de la musique de marche et de danse,
et de vouloir rapporter exclusivement cette influence à une
association psychologique d'idées. Ce qu'il y a de psychologique dans la musique de danse, le souvenir d'un plaisir déjà
éprouvé dans les mêmes circonstances, n'a pas besoin d'explication. Mais qu'on ne s'y trompe pas : ce n'est pas parce
que cette musique est de la musique de danse qu'elle met les
pieds en mouvement ; il faut renverser la proposition et dire :
c'est parce qu'elle met les pieds en mouvement qu'elle est de
la musique de danse.

Qu'on jette un regard autour de soi, à l'Opéra : on verra les
dames accompagner par des mouvements de tête les mélodies d'un
rhythme simple et vif, mais jamais les adagios, si émouvants et
si mélodiques qu'ils soient. Faut-il en conclure que certains éléments de la musique, le rhythme notamment, agissent sur les
nerfs moteurs, tandis que d'autres n'ont d'effet que sur les
nerfs sensibles ? Dans quels cas ceux-ci, dans quels autres cas
ceux-là sont-ils impressionnés (1) ? Le plexus solaire, consi-

---

(1) Carus explique l'incitation au mouvement en plaçant le point de
départ du nerf auditif dans le cervelet, qui est, suivant lui, le siège
de la volition : de la combinaison de l'un et de l'autre, il déduit les
effets spéciaux des sensations de l'ouïe sur nos sentiments. Ce n'est
là qu'une hypothèse très-douteuse, car il n'est nullement démontré
que l'origine du nerf auditif se trouve dans le cervelet.

Harless attribue à la simple perception du rhythme, sans l'aide
d'une sensation auditive, la même incitation au mouvement qu'à la

déré traditionnellement comme le siége par excellence de la sensation, est-il affecté par la musique d'une manière particulière ? En est-il de même des « nerfs sympathiques » (dont le nom, nous disait Purkinje, est ce qu'ils ont de plus beau)? Ce qui rend telle sonorité agaçante, telle autre pure et agréable, c'est l'irrégularité ou la régularité dans la succession des secousses aériennes, l'acoustique nous l'apprend; ce qui fait que des sons entendus ensemble consonnent ou dissonnent, c'est la régularité ou l'irrégularité de leur marche élémentaire (1). Mais ces explications de sensations auditives plus ou moins simples ne sauraient suffire à l'esthéticien; c'est celle du sentiment qu'il lui faut, et il pose ses questions à son tour. Comment se fait-il qu'une série de sons consonnants produisent l'impression de la douleur, et que l'impression de la joie puisse résulter d'une autre série de sons tout aussi consonnants ? Quelle est la raison des états de l'âme très-divers, d'une énergie irrésistible parfois, auxquels donnent lieu des accords ou des instruments différents, mais de sonorités également pures au point de vue harmonique ?

La physiologie est incapable, nous le croyons du moins, de résoudre ces problèmes. Comment le ferait-elle ? Elle ne sait pas de quelle manière la douleur fait couler les larmes, comment la joie excite le rire ; elle ne sait pas ce que sont la joie et la douleur ! Qu'on se garde donc de demander à une science des solutions qu'elle ne saurait fournir (2).

musique rhythmique, ce que l'expérience nous paraît contredire. — Voyez R. Wagner, *Handwörterbuch der Physiologie* (Lexique de physiologie), au mot *Hören.*

(1) Helmholtz, *Lehre von den Tonempfindungen*, 2e édition, 1870, p. 319.

(2) Un de nos plus éminents physiologistes, Lotze, dit dans sa *Psychologie médicale* (p. 237) : « Un examen attentif de la nature de la mélodie nous conduirait à avouer que nous ne savons absolument rien des conditions dans lesquelles le passage des nerfs d'une forme de l'excitation à l'autre peut constituer une base physique pour l'étude des sentiments esthétiques que provoquent si puissamment les successions sonores. » Ailleurs, parlant de l'impression agréable ou déplaisante qui résulte souvent de l'audition d'un simple son, il dit (p. 236) : « Il nous est tout à fait impossible d'indiquer un terrain physiologique pour les effets produits par ces sensations

Tout sentiment provoqué par la musique doit certainement être ramené à la manière, spéciale pour chacun, dont les nerfs sont affectés par une impression acoustique. Mais comment une excitation du nerf auditif, à l'origine duquel nous n'avons jamais pu remonter, arrive à la conscience comme sensation déterminée, comment l'impression corporelle devient ensuite un état de l'âme et la sensation un sentiment, voilà ce qui reste jusqu'ici de l'autre côté du pont ténébreux que les plus sagaces explorateurs n'ont pas trouvé moyen de franchir. Une énigme vieille comme le monde, celle des rapports de l'âme avec le corps, s'est posée de mille façons différentes : le sphinx ne se précipitera jamais du haut de son rocher (1).

Ce que la science de la musique peut tirer de la physiologie est d'une haute importance pour la connaissance des impressions auditives. Maint progrès peut être encore réalisé dans cette étude spéciale; mais il n'y a rien là, nous le craignons, qui puisse profiter à jamais à la grande question de la musique.

De tout cela il résulte, quant à l'esthétique musicale, que les théoriciens qui établissent le principe du beau sur les sentiments s'égarent absolument, qu'ils sont perdus au point de vue scientifique, parce qu'ils se condamnent à ignorer le rapport dont nous avons indiqué les termes; s'ils le devinent ou l'imaginent, ce ne peut être qu'en dehors de leurs doctrines. Jamais une caractéristique vraie de la musique ne dérivera du point de départ sentimental. Le critique ne déterminera nullement la valeur d'une symphonie par le tableau des impressions qu'il a ressenties en l'écoutant; il lui sera tout aussi impossible d'apprendre quoi que ce soit à un apprenti compositeur en prenant le sentiment pour base de ses leçons. Ce dernier point surtout mérite considération, car si le rapport de chaque sentiment à une forme spéciale d'expression avait toute la certitude qu'on est porté à lui attribuer, et qu'il de-

---

simples, car la direction dans laquelle ils modifient l'action nerveuse nous est trop peu connue pour que nous en déduisions l'intensité du plaisir ou du déplaisir éprouvé. »

(1) Une confirmation récente et bien remarquable de ces peu consolantes vérités se trouve dans le discours prononcé par M. Dubois-Reymond au Congrès des naturalistes, à Leipzig, en 1872.

vrait avoir pour prétendre à l'importance qu'on lui accorde, rien ne serait plus facile que de conduire en peu de temps le jeune musicien aux sommets les plus élevés de l'art. Plus d'un, du reste, l'a essayé. Au troisième chapitre de son *Parfait chef d'orchestre*, Mattheson enseigne comment il faut s'y prendre pour traduire en musique la fierté, le désespoir, la pitié, toutes les passions, toutes les émotions. Les idées musicales destinées à exprimer, par exemple, la jalousie, doivent « avoir quelque chose de courroucé, de contrarié, de plaintif. » C'est précis et pratique. Un autre professeur du siècle dernier, Heinchen, donne, dans son ouvrage intitulé *Generalbass*, huit feuilles d'exemples notés démontrant comment on exprime en musique « la furie, une querelle, la magnificence, l'angoisse, l'amour (1). » Il ne manque à ces recettes que la formule de la *Cuisinière bourgeoise* : « Prenez un ..... sentiment », ou bien la griffe d'un médecin et le fameux : « Agiter avant de s'en servir. » Il y a toujours quelque chose à tirer de ces louables efforts : c'est la conviction très-instructive que les règles spéciales d'art sont toujours à la fois trop étroites et trop larges.

Ces règles sans base, au moyen desquelles on prétend faire naître à volonté des sentiments par la musique, appartiennent d'autant moins à l'esthétique que le résultat cherché n'est pas exclusivement du domaine de cette science, mais corporel pour une partie, qui ne saurait en être distraite. Une recette esthétique devrait enseigner comment le compositeur réalisera le beau dans la musique, et non comment il éveillera certains sentiments chez ses auditeurs. On sent pleinement la complète impuissance des règles en question, lorsqu'on considère combien il faudrait qu'elles fussent miraculeuses pour être

_______________

(1) Quelque chose d'achevé en ce genre, ce sont les recommandations faites aux compositeurs par M. le conseiller intime et docteur en philosophie Von Böcklin, qui formule ce précepte d'une admirable clarté, entre beaucoup d'autres, dans ses *Pensées sur la grande musique* (1811), p. 34 : « Si l'on veut exprimer le sentiment d'un » homme offensé, il faut qu'il se dégage de la musique chaleur sur » chaleur, éclat sur éclat, le tout purement esthétique, et un chant » noble d'une extrême vivacité ; il faut qu'on sente la fureur dans » les parties du milieu et que l'esprit de l'auditeur reçoive des chocs » terrifiants. »

efficaces. Car si l'effet moral de chaque élément de la musique était constant, nécessaire et démontrable, on pourrait jouer sur l'âme de l'auditeur comme sur un clavier. Et dans le cas où on y parviendrait, le but de l'art serait-il rempli ? Voilà à quels termes se réduit la question ; ainsi posée, elle se résout d'elle-même par la négative. Le beau purement musical est la seule et vraie force de l'artiste : sur cet appui, il marche d'un pas ferme au milieu des vagues envahissantes du temps, où il se noierait bel et bien s'il n'avait pour l'en empêcher que la doctrine du sentiment, car elle ne lui tendrait pas même un fétu de paille.

Comme on le voit, c'est la connaissance d'un seul et même facteur, l'action des sons sur le système nerveux, qui sert à la solution de nos deux questions : « Par quel caractère spécial se distingue l'effet de la musique sur le sentiment ? » et : « Ce caractère spécial est-il surtout de nature esthétique ? » Elle explique pourquoi la musique excite des sentiments d'une façon aussi puissante et aussi immédiate, en comparaison des autres arts dont les sons ne constituent pas le matériel.

Plus le côté corporel, c'est-à-dire pathologique, est prépondérant dans l'effet d'un art, moins est grande la part que peut y revendiquer l'esthétique. Mais la réciproque n'est pas vraie.—Il faut donc que, dans la production et dans la compréhension d'une œuvre musicale, un autre élément se dégage, représentant la partie esthétique pure de la musique, et se rapprochant des conditions générales de beauté communes aux autres arts, comme faisant contraste à l'excitation des sentiments par la musique. C'est la *contemplation pure*. Nous allons examiner la forme particulière sous laquelle elle apparaît dans la musique, ainsi que les rapports multiples qui la relient à notre vie morale.

# CHAPITRE V

## L'ESTHÉTIQUE, PAR OPPOSITION A LA PATHOLOGIE, DANS LA MANIÈRE DE SENTIR LA MUSIQUE

Rien n'a tant entravé le développement scientifique de l'esthétique musicale que l'importance exagérée qu'on a accordée aux effets de la musique sur le sentiment. Plus ces effets étaient forts et manifestes, plus on les estimait haut, en tant que manifestations du beau musical. Nous avons vu, au contraire, que c'est précisément aux plus énergiques impressions causées par la musique que se mêle la plus grande somme d'excitation corporelle chez l'auditeur ; et quant à la musique elle-même, cette violente action sur le système nerveux réside moins dans sa partie artistique, émanant de l'esprit et n'ayant que lui pour objet, que dans son matériel, doté par la nature de cette impénétrable « affinité élective » d'ordre physiologique.

Ce sont les éléments seuls de la musique, le son et le mouvement, qui s'emparent des sentiments — bien mal défendus ! — de beaucoup d'amateurs de musique, et les emprisonnent dans des chaines au bruit desquelles ceux-ci se complaisent assez. Loin de nous l'idée de vouloir diminuer les droits du sentiment sur la musique ; mais ce sentiment, qui en réalité se conjugue plus ou moins avec la contemplation pure, ne peut avoir de valeur artistique que s'il conserve la conscience de son origine esthétique, c'est-à-dire de la jouissance d'un genre de beauté spécial à l'art ; autrement, et s'il n'y a point de libre contemplation du beau artistique, si l'âme ne se sent influencée que par le pouvoir physique des sons, l'art peut d'autant moins prendre à son compte une telle impression, que celle-ci est plus forte.

Le nombre de ceux qui écoutent ou sentent ainsi la musique est considérable. Subissant passivement l'action de la partie élémentaire de l'art, ils entrent dans une excitation vague, platoniquement sensuelle, qui ne reçoit de détermination que du caractère de l'œuvre. Leur état n'est pas contemplatif, mais pathologique : c'est une longue rêverie, un crépuscule persistant, une sorte de sensation neutre dans le vide sonore. Faisons entendre au musicien de sentiment plusieurs morceaux de même caractère, d'une gaieté bruyante par exemple : il restera dans le même cycle d'impressions. Son sentiment ne s'assimile que ce qui fait l'analogie de ces morceaux, c'est-à-dire le mouvement composé de joie et de bruit; la partie originale et artistiquement personnelle de chacun échappe tout à fait à son intelligence. Il en est tout autrement chez l'auditeur que nous appellerons musical; la forme artistique spéciale d'une composition, ce qui donne à l'œuvre un cachet d'individualité au milieu d'une douzaine de morceaux d'effet semblable, occupe, si puissamment son attention, qu'il remarque à peine la similitude ou la différence de l'expression sentimentale. La réception isolée par l'auditeur d'une influence abstraite de sentiment au lieu du phénomène artistique concret, est très-caractéristique et spéciale à la première de ces deux façons de comprendre la musique; on ne lui trouverait guère d'analogie que dans la vive lumière qui, inondant un paysage, impressionne parfois l'œil au point qu'on est incapable de se rendre compte de ce qu'elle éclaire. Ecouter ainsi, c'est aspirer la sensation d'ensemble, non motivée, non raisonnée, et d'autant plus pénétrante (1).

---

(1) Le duc amoureux, dans *le Soir des Rois* (Twelfth Night) de Shakespeare, est une poétique personnification de cette manière d'écouter la musique. Il dit :

> If music be the food of love, play on.
> . . . . . . . . . . . . . . . . . . . . . .
> O, it came o'er my ear like the sweet south
> That breathes upon a bank of violets,
> Stealing and giving odour.

(Si la musique est l'aliment de l'amour, continuez à jouer..... Oh! elle

Enfoncés dans leur fauteuil et plongés dans un demi-sommeil, ces amateurs se laissent porter, bercer par la musique, au lieu de la considérer en face et avec fermeté. La progression et la décroissance des sons, tantôt bondissants d'allégresse, tantôt frémissants et craintifs, leur procurent une sensation indéfinie qu'ils sont assez innocents pour croire purement esthétique. Ils constituent le public le plus facile à contenter et celui qui réunit le mieux tout ce qu'il faut pour discréditer la musique. Le caractère intelligent de la jouissance esthétique ne peut se révéler à leur manière d'écouter ; un fin cigare, un plat friand, un bain tiède, leur produisent un effet analogue, sans qu'ils s'en doutent, à celui d'une symphonie. L'attitude nonchalante et vide de pensée des uns, l'extase folle des autres, ont la même origine : le plaisir dérivant de la partie élémentaire de la musique. L'époque actuelle a fait là une merveilleuse découverte, bien supérieure à l'art lui-même pour les auditeurs qui ne cherchent dans la musique qu'une sorte de *précipité* de sentiment, quelque chose d'analogue à l'éther sulfurique, au chloroforme, en dehors de toute participation de l'esprit. Ces moyens, en réalité, excitent en nous une ivresse très-agréable, qui fait tressaillir tout notre organisme comme dans un rêve délicieux, sans la grossièreté des fumées du vin, qui pourtant ne sont pas non plus dépourvues d'influence musicale.

Pour de telles capacités esthétiques, les œuvres musicales descendent au rang de produits de la nature, dont on peut jouir, mais qui ne nous obligent pas à penser, à remonter jusqu'à un esprit créateur et conscient de sa création. On s'imprègne très-bien, les yeux fermés, du doux parfum des fleurs d'acacia. Les œuvres de l'esprit humain exigent d'autres dispositions, à moins qu'on ne consente à les reléguer parmi les

---

arrivait à mon oreille comme le doux vent du sud qui souffle sur une touffe de violettes et glisse chargé d'une suave odeur.)

Plus loin, au 2ᵉ acte, il s'écrie :

Give me some music.....
Methought it did relieve my passion much.

(Donnez-moi un peu de musique..... Il m'a semblé qu'elle calmait beaucoup mes ardeurs.)

agréments émanés directement de l'aveugle nature. C'est à quoi la musique, malheureusement, est exposée plus que les autres arts ; du moins, sa partie matérielle se prête à être l'objet d'une jouissance à laquelle l'esprit n'a aucune part.

Déjà, tandis que les produits des autres arts demeurent, sa nature à elle, essentiellement temporaire, fugitive, la rapproche de l'acte de l'absorption corporelle. On *savoure* un air, mais non un tableau, une église, un drame. Aussi n'y a-t-il pas d'art qu'on emploie davantage à un service accessoire. Les meilleures compositions peuvent subir cet outrage d'être jouées comme musique de festin, pour faciliter la digestion du rôti. Il n'y a pas d'art plus obsédant et en même temps plus accommodant : il faut se résigner à *entendre* l'orgue de Barbarie qui s'est posté près de notre maison, mais une symphonie de Mendelssohn ou de Beethoven n'est nullement nécessaire pour nous faire *écouter* quand il nous plaît.

La mauvaise manière d'écouter la musique n'est du reste pas tout à fait identique avec le plaisir naïf que prend le gros public à la partie matérielle des manifestations d'un art quelconque. Dans la musique, ce n'est pas sur cette partie matérielle, sur les riches successions physiques des sons, simples ou complexes, que s'exerce la compréhension si peu artistique dont nous avons parlé, mais sur l'idée abstraite qui se dégage de l'ensemble, et qui est perçue alors comme sentiment. Nous voyons clairement par là la position toute spéciale que le sens spirituel vrai de la musique occupe par rapport aux idées de *forme* et de *sujet*. On s'est habitué, en effet, à considérer le sentiment éveillé par une œuvre musicale comme le sujet, l'idée, le fond même de cette œuvre, et à ne voir dans les combinaisons sonores traitées intelligemment et artistiquement que la simple forme, l'image, le revêtement matériel du sentiment. Mais c'est précisément la partie spécifique à la musique, composée de ces combinaisons si dédaignées, qui constitue la création de l'artiste ; c'est en elle que l'esprit qui a produit et l'esprit qui contemple se rencontrent et s'unissent ; c'est là, dans ces formes sonores concrètes, précises, que réside le sens spirituel de la composition, et non dans la vague impression d'ensemble attribuée à un sentiment abstrait. La forme pure, par opposition au sentiment, est le vrai sujet, le vrai *fond* de la musique, elle est la musique même : le sentiment provoqué en nous ne peut s'appeler ni fond ni forme, il n'est qu'un effet, qu'une résultante. Ce qu'on appelle communément la partie matérielle de l'art, un moyen de transmission et d'exposition, est précisément l'émanation directe de l'esprit; tandis que ce qu'on prend pour l'objet transmis et exposé (c'est-à-dire, en réalité, l'effet produit sur le sentiment), appartient à la matière du son et est régi, pour une bonne moitié, par des lois physiologiques.

Des considérations qui précèdent il est facile de déduire la valeur exacte des effets « moraux » de la musique, qui ont été prônés avec tant de complaisance par les anciens auteurs comme pendant aux effets « physiques », constatés les premiers. Ce n'est pas, tant s'en faut, dans sa *beauté* que nos amateurs jouissent de la musique; son influence agit sur eux comme celle d'une force brute de la nature, pouvant pousser l'être qui l'éprouve à des actes inconscients; aussi l'esthétique n'at-elle absolument rien à voir là-dedans. Au reste, nous n'en sommes plus à ignorer maintenant le lien étroit qui unit ces prétendus effets moraux aux effets physiques.

Le créancier pressant que son débiteur émeut, en lui faisant de la musique, au point d'obtenir la remise complète de sa dette (1), est poussé à la générosité exactement de la même façon qu'un autre se sent entraîné irrésistiblement à la danse, en entendant tout à coup un motif de valse. Le premier cède au pouvoir de la mélodie et de l'harmonie, éléments musicaux plus spirituels que le simple rhythme, qui stimule le second. Mais ni l'un ni l'autre n'agit spontanément, ou sous l'empire d'une impression spirituelle, de la beauté esthétique; tous deux obéissent à une excitation nerveuse. La musique leur délie les pieds ou le cœur, comme le vin délie la langue. De pareilles victoires ne témoignent que de la faiblesse du vaincu. Éprouver des émotions non motivées, frivoles, sans but, sous l'action d'une puissance qui n'est d'aucune manière en rapport avec notre volonté et notre pensée, est indigne de l'esprit humain. Quand des hommes se laissent dominer par la partie élémentaire d'un art au point de n'être plus maîtres de ce

---

(1) Ce prodige a été accompli plusieurs fois, nous raconte A. Burgh (*Anecdotes on music*, 1814), notamment par le chanteur Palma.

qu'ils font, il nous semble que ce n'est pas là une gloire pour l'art, et bien moins encore pour eux-mêmes.

La musique ne possède pas la précision, mais sa puissance sur les sentiments fait qu'on peut jouir d'elle presque comme si elle l'avait. Voilà le vrai point de départ des plus anciennes attaques contre cet art, qu'on a accusé d'énerver et d'affaiblir. Ce reproche est parfaitement fondé lorsqu'on fait de la musique un moyen de provoquer des émotions indéterminées, d'amener l'auditeur à un certain état pathologique général. Beethoven exprimait le vœu que la musique pût, pour l'auditeur, « battre le briquet sur l'esprit » (*Feuer aus dem Geiste schlagen*). Remarquons d'abord la forme contingente de ce souhait: et puis, la force de volonté et de pensée de l'homme parvenu à son entier développement intellectuel n'a-t-elle pas raison, s'il le faut, d'un feu même allumé et entretenu par la musique?

En tout cas, cette attaque dirigée contre l'influence de la musique nous paraît plus digne que l'exagération avec laquelle on l'exalte quelquefois. De même que les effets physiques de la musique sont en raison directe de l'excitation maladive du système nerveux sur lequel ils ont prise, de même l'intensité des effets moraux des sons croît avec le défaut de culture de l'esprit et du caractère. Moins la résistance opposée par l'éducation est grande, plus la musique a de puissance dans le sens pathologique. On sait que les sons musicaux produisent sur les sauvages une sorte d'enchantement extatique.

Mais tout cela n'arrête pas nos esthéticiens. Ils aiment assez à rapporter, dès le début de leurs théories, de nombreux exemples prouvant que « les animaux eux-mêmes sont sensibles à la musique ». Oui, l'appel de la trompette anime le cheval et l'excite au combat, le violon amène facilement l'ours à de gracieux essais chorégraphiques, la tendre araignée et le sentimental éléphant se balancent, chacun à sa façon, en écoutant les sons qui leur sont agréables. Est-il donc si flatteur d'être dilettante en pareille compagnie?

Après les curiosités du règne animal viennent les merveilles humaines. Celles qu'on cite généralement ont pour type le fait, si souvent mentionné, relatif à Alexandre le Grand : le conquérant macédonien, on s'en souvient, entrait en fureur lorsque Timothée jouait de la flûte sur le mode phrygien, et se calmait quand la musique passait au mode lydien. On raconte aussi qu'un souverain moins connu, Éric le Bon, roi de Danemark, voulant se convaincre du pouvoir si vanté de la musique, appela un célèbre virtuose pour jouer devant lui et sa cour, après avoir eu la précaution de faire enlever toutes les armes. L'artiste excita d'abord, par le choix de ses modulations, une profonde tristesse chez tous les auditeurs; puis il les amena à un état plein d'enjouement, et, progressivement, les excita jusqu'au délire. « Le roi, lui-même, ne se connaissant plus, enfonça la porte de la salle voisine, où était déposée son épée, la saisit, et se précipitant sur ses courtisans, en tua quatre. » (Albert Krantzius, *Danem.*, lib. V, cap. III.) Et c'était toujours le *bon* Éric !

Si de pareils « effets moraux » de la musique étaient encore à l'ordre du jour, on serait probablement empêché, par l'indignation, de s'expliquer raisonnablement sur cette puissance occulte qui, installée en souveraine dans l'esprit humain, l'opprime et le trouble sans s'inquiéter de ses pensées et de ses résolutions.

Cependant, comme les plus célèbres de ces trophées musicaux remontent à un âge déjà fort respectable, il ne sera pas hors de propos de considérer la chose à son point de départ historique.

On ne peut douter que la musique n'ait eu, chez les peuples anciens, une influence bien plus immédiate que chez nous : aux premières étapes de la civilisation, l'humanité était beaucoup plus près des parties élémentaires de toutes choses que plus tard, lorsque la conscience et le libre arbitre, aidés de la raison, sont entrés en possession de leurs droits. L'état particulier de la musique dans l'antiquité grecque favorisa notablement cette réceptivité naturelle, que rien n'avait encore corrigée. La musique, alors, n'était pas un art dans le sens que nous attachons à ce mot. Le son et le rhythme, dans leur isolement élémentaire, la constituaient à peu près tout entière, et tenaient pauvrement la place des formes intelligentes et riches qui sont l'essence de l'art moderne. De tout ce qu'on sait de la musique de cette époque, on peut conclure avec certitude à son influence purement sensuelle, mais d'une sensualité aussi raffinée que possible. S'il y avait eu dans l'antiquité classique un art musical tel que nous l'entendons, il n'aurait pas plus été perdu, pour le développement dans les âges suivants, que la poésie, la sculpture et l'architecture. Le goût des Grecs pour leurs subtiles relations tonales, l'étude approfondie qu'ils en faisaient, ne sauraient se placer, au titre scientifique, à côté de ces arts dont les monuments sont venus jusqu'à nous.

L'absence d'harmonie, les bornes étroites entre lesquelles se mouvait la mélodie, limitée à l'expression du récitatif, enfin l'impuissance du système tonal à conquérir par le développement un ensemble de formes vraiment musicales, rendaient impossible l'existence de la musique grecque comme art absolu et indépendant : aussi ne l'employait-on presque jamais seule, mais combinée avec la poésie, la danse et la mimique, c'est-à-dire comme complément des autres arts. La musique n'avait pas d'autre destination que d'animer l'auditoire par ses pulsations rhythmiques et la variété de ses nuances sonores, et de commenter les paroles et les sentiments à la façon de la déclamation, mais avec une intensité beaucoup plus grande. Elle agissait donc par ses éléments sensuels et symboliques. Restreinte à ces facteurs premiers, se concentrant tout entière en eux, elle a dû les porter, avec le temps, à un haut degré de puissance. L'art moderne n'a que faire d'un matériel mélodique raffiné jusqu'à l'emploi du quart du ton et du genre enharmonique, non plus que de la caractéristique spéciale des tonalités et de leur adaptation rigoureuse à certaines formes de langage ou à certains sentiments exprimés par la parole.

Ces rapports musicaux si ténus, si quintessenciés, étaient sentis vivement par les auditeurs. Les oreilles des Grecs étaient exercées à percevoir de très-petits intervalles bien plus facilement que les nôtres, habituées au compromis uniforme du tempérament ; c'est pourquoi leur esprit se prêtait admirablement aux modifications que pouvait provoquer en lui la musique, tandis que pour nous, le plaisir musical est surtout contemplatif et paralyse une partie notable de l'influence élémentaire des sons. C'est en la considérant ainsi que nous arrivons à comprendre l'influence de la musique dans l'antiquité.

En raisonnant de même, il n'est pas impossible de s'expliquer une partie, — assez minime, à la vérité, — des anecdotes racontées à l'envi par les historiens sur les effets des divers modes grecs. Chacun de ces modes était classé suivant l'impression vraie ou prétendue, et différente pour chacun, qu'il exerçait sur l'auditeur. Le mode dorien convenait aux sujets sérieux, religieux; le phrygien enflammait le courage des armées; la tristesse était l'expression du lydien, et l'éolien s'employait pour chanter le vin et l'amour. Par suite de cette assimilation rigoureuse de quatre modes à quatre classes principales de sentiments, et de l'application constante du même mode aux poésies dont le sens lui était approprié, l'oreille et l'esprit devaient s'habituer peu à peu à entrer dans le sentiment du mode entendu. Établie sur la base d'une éducation aussi étroite, la musique était réduite au rôle d'accompagnatrice indispensable et obéissante de tous les arts, de moyen pédagogique, politique, etc.; elle était tout, sauf un art indépendant. S'il suffisait de quelques accents phrygiens pour donner du cœur aux soldats devant l'ennemi, d'une mélodie en mode dorique pour assurer la fidélité d'une femme dont l'époux était absent, la perte de la musique grecque peut être fâcheuse pour les généraux et les maris, mais les esthéticiens et les compositeurs n'ont point à la regretter.

Nous opposons à ces émotions pathologiques la contemplation pure et consciente de l'œuvre musicale, la seule vraie manière d'écouter, la seule artistique, hors de laquelle nous sommes obligés de ranger dans une même catégorie la passion brute excitée chez le sauvage et l'enthousiasme tout sensuel du dilettante. On jouit du beau, on n'en *souffre* pas (*passion* ne vient-il pas de *pati*, souffrir?) Les gens à sentiment crient à l'hérésie, à la révolte contre la toute-puissance de la musique, lorsqu'ils voient quelqu'un se détourner des orages et des émeutes du cœur, qui sont censés témoigner de cette toute-puissance partout où il y a un public, et auxquels ils se livrent, eux, le plus naïvement du monde. Celui-là est froid, insensible, c'est un calculateur. C'est possible. Mais, nous vous l'assurons, ô gens à sentiment, elles sont nobles et fortes les impressions qu'on ressent en suivant de près l'esprit créateur, en contemplant le monde d'éléments nouveaux qu'il ouvre devant nous, les combinant de toutes les façons imaginables, les édifiant l'un sur l'autre, les modifiant l'un par l'autre, puis renversant sa construction pour en élever une nouvelle, régnant enfin en souverain sur un empire où le rôle de l'oreille s'ennoblit et s'épure. Là, un prétendu sentiment enfermé dans l'œuvre ne commande point au nôtre. L'esprit libre et serein, nous jouissons vivement et intimement de l'œuvre d'art qui passe devant nous, éprouvant dans sa plénitude et sa délicatesse ce que Schelling appelle si bien « la noble sérénité *(gleichgültigkeit, indifférence)* du beau (1) ». Cette jouissance intérieure, avec l'active collaboration de l'esprit, est la récompense de la manière d'écouter la plus digne, la plus salutaire, mais non la plus facile.

Le facteur le plus important dans l'état de l'âme qui accompagne la compréhension d'une œuvre musicale et en fait un plaisir, est le plus souvent négligé : c'est la satisfaction qu'éprouve l'auditeur à suivre les évolutions de la pensée du compositeur, à courir au-devant, à se trouver tantôt confirmé, tantôt agréablement trompé dans ses conjectures. Ces évolutions intellectuelles, cet échange continu d'idées et d'impressions entre celui qui donne et celui qui reçoit, s'accomplissent, bien entendu, inconsciemment et avec la rapidité de l'éclair. La musique où elles sont possibles, où l'esprit, s'identifiant à l'œuvre dont il poursuit tous les détails, se livre à ce qu'on pourrait appeler la « réflexion de l'imagination », est la seule qui suscite de véritables jouissances artistiques. Sans activité de l'esprit, pas de plaisir esthétique. La forme spéciale d'activité que nous indiquons pour l'audition de la musique est celle qui convient le mieux à cet art, parce que ses productions ne sont pas enserrées dans des limites fixes, qu'elles ne se présentent pas devant nous tout d'une pièce, mais se déroulent progressivement à notre oreille, et n'exigent pas, par conséquent, de l'auditeur une attention comportant insistance sur un point ou interruption arbitraire, comme pour un tableau, mais forcent l'esprit à accompagner leur développement pas à pas, rigoureusement. La marche de l'esprit qui suit certaines compositions compliquées peut devenir un véritable travail ; —travail que peu de gens exécutent avec aisance, et qui semble même antipathique à certaines nations musicales tout entières. La prépondérance uniforme d'une seule partie mélo-

_____________

(1) *Ueber das Verhältniss der bildenden Künste zur Natur* (Du rapport entre les arts du dessin et la nature).

dique, chez les Italiens, a sa raison dans l'éloignement naturel
de ce peuple pour l'effort intellectuel persistant qui coûte si
peu à l'homme du Nord, et lui permet de démêler sans fatigue
les entrelacements d'un tissu harmonique et contrapuntique
serré. C'est pourquoi le plaisir est plus facile aux auditeurs
dont l'esprit est peu actif; ceux-là peuvent consommer sans
sourciller des quantités de musique qui feraient trembler quiconque considère l'audition d'une œuvre musicale comme une
affaire sérieuse.

L'élément spirituel nécessairement présent dans toute jouissance artistique est actif à des degrés bien divers chez les
auditeurs d'une même œuvre; il peut être à son minimum dans
les natures sensuelles ou sentimentales, et tenir lieu de tout
dans celles où l'intelligence domine. Pour trouver le juste
milieu, il faut, à notre avis, incliner un peu de ce dernier
côté. On trouve facilement l'ivresse quand on est faible, tandis
que la manière d'écouter vraiment esthétique est à elle seule
un art (1).

La débauche sentimentale est surtout le fait de ces auditeurs
dont la culture artistique ne va pas jusqu'à la compréhension
du beau musical pur. L'amateur ne fait guère que *sentir* la
musique qu'il entend; l'artiste la *comprend* avant tout. Plus
la faculté esthétique est développée chez l'auditeur (de même
que dans l'œuvre la beauté esthétique), moins l'influence des
simples éléments se fait sentir. C'est pourquoi le vénérable
axiome des théoriciens : « Une musique sombre éveille en nous
la tristesse, une musique joyeuse nous porte à la gaieté »,

---

(1) Il était bien dans le tempérament romanesque et déréglé de
W. Heinse de dédaigner le beau purement musical pour les vagues
impressions du sentiment. Il va jusqu'à dire, dans son roman musical *Hildegarde de Hohenthal* : « La vraie musique.... marche toujours
» sans entraves vers ce but : faire pénétrer dans l'âme de l'auditeur
» le sens intime des paroles et le sentiment, et d'une manière si
» facile et si agréable, qu'on ne s'aperçoive pas du moyen employé.
» Une telle musique dure éternellement ; elle est à ce point naturelle,
» *qu'on ne fait pas attention à elle* en l'entendant, et que le sens des
» paroles s'en dégage seul. »
Tout au contraire, la musique n'est goûtée esthétiquement que
lorsqu'on concentre sur elle toutes ses facultés, toute l'attention dont
on est capable, et qu'on s'assimile chacune de ses beautés propres.

pris absolument, est loin d'être toujours exact. Si tout *Requiem*
vide de sens, toute bruyante marche funèbre, tout adagio gé-
missant avait le pouvoir de nous rendre tristes, qui pourrait
supporter l'existence dans ces conditions ? Mais qu'une œuvre
musicale nous regarde en face avec les yeux clairs et brillants
de la beauté, nous voilà attachés à ce charme invincible, la
composition eût-elle pour sujet toutes les douleurs du siècle.
La plus tapageuse exultation d'un finale de Verdi, la plus folle
désinvolture d'un quadrille de Musard ne nous ont jamais
réellement égayés.

L'homme à sentiment s'informe si telle musique est triste
ou joyeuse ; le musicien demande si elle est bonne ou mauvaise. Ce simple et court parallèle suffit pour donner une idée
de leur situation à tous deux devant le beau éternel.

Nous avons dit que le plaisir esthétique se mesure à la valeur artistique de l'œuvre musicale ; mais nous ne prétendons
pas que certains effets d'une grande simplicité, comme un
appel du cor des Alpes, une tyrolienne entendue au loin dans
la montagne, ne puissent parfois émouvoir autant et plus
que la plus belle symphonie. Dans ce cas, la musique rentre
dans la classe des beautés purement naturelles. Il ne s'agit
plus d'un tableau pittoresque composé à plaisir et à loisir,
mais d'un effet physique, pouvant s'harmoniser avec le paysage et avec la disposition d'esprit du voyageur, jusqu'à
dépasser en jouissance un plaisir artistique quelconque. La
partie élémentaire de la musique l'emporte alors, quant à
l'impression produite, sur sa partie artistique ; et c'est cette

---

Heinse, à qui nous ne saurions refuser notre admiration pour le
génie avec lequel il a fouillé et deviné la nature, est estimé au-
dessus de sa valeur en ce qui concerne la poésie, et surtout la musique. Dans la pénurie où nous sommes de bons travaux sur l'esthétique musicale, on s'est habitué, en Allemagne, à voir par ses yeux
et à le citer comme un maître. Personne n'était guère en état de
signaler les erreurs grossières et les sottises nombreuses qui se
mêlent d'une façon étrange, chez cet auteur, à un certain nombre
d'aperçus ingénieux et féconds. Son ignorance en musique lui suggère
les jugements esthétiques les plus singuliers : par exemple, dans ses
analyses des opéras de Gluck, Jomelli, Traetta, etc., le lecteur, qui a
droit à être édifié techniquement et raisonnablement, ne trouve
guère d'autres appréciations que des exclamations enthousiastes.

dernière seule que l'esthétique a à considérer, ne reconnaissant d'autres effets que ceux que la musique, en tant que production de l'esprit humain, offre à la contemplation pure comme résultat d'une mise en œuvre consciente de ses facteurs élémentaires.

La condition la plus essentielle du plaisir esthétique est qu'on écoute l'œuvre musicale *pour elle-même*, quelle qu'elle soit et quelle que soit la réceptivité intellectuelle de l'auditeur. Dès que la musique n'est plus qu'un moyen de nous amener à un certain état moral, elle prend rang parmi les accessoires, les décors, et cesse d'agir comme art pur. En confondant aussi souvent qu'on le fait ses éléments avec sa beauté artistique, on prend la partie pour le tout et on établit une confusion sans nom. Des milliers de jugements dont la musique est journellement l'objet portent réellement non pas sur elle, mais sur l'effet matériel de ses éléments premiers.

Quand Henri IV, dans la tragédie de Shakespeare dont il est le héros, se fait faire de la musique au moment de mourir (IIe partie, iv, 4), ce n'est assurément pas pour écouter la composition qu'on lui exécutera, mais pour être bercé et endormi par les sons. Dans *le Marchand de Venise*, Portia et Bassanio ne sont guère plus disposés, pendant le choix fatal du coffret, à prêter une oreille attentive à la musique commandée. Johann Strauss a mis, dans ses meilleures valses, bien des choses ingénieuses et charmantes ; on n'y trouve plus rien de tout cela quand on veut les danser en mesure. Dans des cas pareils, peu importe le choix de la musique qui est exécutée, pourvu qu'elle produise l'effet général que l'on recherche. Quand on montre une telle indifférence pour le caractère individuel de la composition, ce n'est plus de la musique qu'on entend, mais des effets sonores qu'on éprouve. Pour entendre véritablement, pour goûter la musique, il faut non-seulement recevoir l'effet sentimental d'ensemble, mais encore et surtout s'assimiler l'œuvre elle-même, avec son caractère distinct et sa nature spéciale. Ces impressions, qui élèvent l'âme, et leur haute importance psychique aussi bien que physiologique, ne peuvent empêcher la critique de discerner partout, dans l'effet ressenti, ce qui est du domaine supérieur de l'art et ce qui est élémentaire. Dans son étude esthétique, la musique doit être considérée moins comme cause que comme effet ; non comme agent producteur, mais comme produit.

On confond avec la musique, non moins souvent que ses effets élémentaires, l'harmonie générale qui en est comme la modératrice, qui lui donne le repos et le mouvement, la consonnance et la dissonnance. L'intérêt de l'art et de la philosophie, dans leur état actuel, nous interdit d'adopter le sens ancien du mot *musique*, que les Grecs étendaient, comme on sait, à toutes les sciences et à tous les arts, ainsi qu'à la culture de l'ensemble des forces morales. La célèbre apologie de la musique, dans *le Marchand de Venise* (V, 1) :

> The man that hath no music in himself,
> Nor is not mov'd with concord of sweet sounds,
> Is fit for treasons, stratagems, and spoils... (1)

repose sur la confusion dont nous parlons ; elle prend la musique pour le principe d'euphonie, de concordance, de mesure qui la régit. Dans cette phrase et dans d'autres semblables, on remplacerait sans grand dommage pour la pensée le mot *musique* par d'autres moins spéciaux, tels que *poésie, art*, et même *beauté*. Si la musique est mise de préférence en avant, elle le doit à la puissance très-peu précise de sa popularité. Les vers qui suivent ceux qui viennent d'être cités en sont un témoignage : l'influence calmante des sons sur les bêtes féroces y est hautement célébrée, ce qui amène un nouvel éloge de la musique.

Des exemples fort instructifs en ce genre nous sont fournis par les « explosions musicales » de Bettina d'Arnim, comme Gœthe appelait galamment les lettres sur la musique de cette célèbre illuminée. Véritable prêtresse de l'enthousiasme vague, Bettina montre, — sans le vouloir, bien entendu, — combien est abusive l'extension qu'on se plaît à donner à l'idée de « musique », afin d'y évoluer tout à son aise. Croyant parler de la

---

(1) « L'homme qui n'a pas de musique en lui-même, que n'émeut point un doux accord de sons, est propre aux trahisons, aux embûches et aux rapines. »

musique elle-même, elle ne fait autre chose, tout le long de sa correspondance, que s'évertuer à décrire l'impression fort peu définie que son âme en reçoit, et dont elle a recherché la voluptueuse hallucination pour s'interdire toute pensée, tout examen. Dans une composition musicale elle voit toujours une sorte de produit naturel qu'on perdrait son temps à étudier, et non l'œuvre de l'esprit humain ; elle ne comprend la musique que comme une succession de phénomènes physiques. Elle applique constamment les mots *musique, musical*, à ces phénomènes, ne s'apercevant pas qu'ils n'ont de commun avec l'art que l'un ou l'autre de ses éléments : la consonnance, le rhythme, etc. Or, il ne s'agit pas du tout de ces facteurs eux-mêmes en esthétique, mais de la manière dont ils sont combinés et façonnés pour que leur concours produise l'œuvre d'art. La romanesque dame va jusqu'à voir de grands musiciens dans Gœthe et dans le Christ ! Personne ne peut rien dire quant à ce dernier ; pour Gœthe, tout le monde est depuis longtemps édifié, et tout autrement que Bettina ne l'eût voulu.

Nous respectons le droit des civilisations historiques et de la liberté poétique ; nous comprenons qu'Aristophane, dans *les Guêpes*, ait qualifié un esprit cultivé de « sage et musical », σοφὸν καὶ μουσικόν ; nous trouvons sensée l'expression du comte Reinhardt, disant qu'Œhlenschlager « avait des yeux musicaux ». Mais des considérations scientifiques ne doivent jamais faire attacher à la musique une autre idée que l'idée esthétique, si l'on ne veut pas renoncer à toute espérance de voir un jour consolidée une science encore bien fragile aujourd'hui.

# CHAPITRE VI

---



Le rapport avec la nature est, en toute chose, ce qu'il faut rechercher d'abord ; c'est le sujet d'étude le plus respectable et le plus fécond. Quiconque a tâté le pouls à son époque, si peu que ce soit, sait quelle marche de géant ont suivie de nos jours les travaux de ce genre. La direction moderne des esprits vers le côté naturel des phénomènes de tout ordre est tellement accusée, que les études même les plus abstraites finissent par être soumises à la méthode des sciences naturelles ; celle de l'esthétique n'échappe pas à la tendance commune, et si l'on aspire à donner à cette science autre chose qu'une apparence de vie, il faut explorer la racine noueuse aussi bien que les fibres délicates par lesquelles tous les arts tiennent au sol de la nature. C'est justement dans l'esthétique de notre art que le rapport à la nature est le plus riche en conséquences importantes. L'examen des matières les plus difficiles de la musique, de ses questions les plus controversées, n'a chance d'aboutir que si on tient un compte suffisant de ce rapport.

Les arts, — considérés d'abord comme récepteurs, et non pas encore comme agissant à leur tour sur l'esprit, — sont en relation de deux côtés différents avec la nature ambiante : d'abord par le matériel brut sur lequel ils créent, ensuite par les effets physiques tirés de ce matériel. La nature se comporte avec eux, pour l'un et l'autre de ces *requisita*, en mère libérale, mais sage. Nous n'aurons pas perdu notre peine en jetant un regard rapide sur les dons qu'elle dispense avec une prudente inégalité, et en tâchant de nous rendre compte de ce qu'elle a fait pour la musique.

En fait de matériel musical, l'homme ne doit à la nature que ce qu'il oblige à rendre des sons. Les métaux, le bois, la peau et les entrailles des animaux, voilà tout ce que nous trouvons pour constituer ce matériel primitif, destiné à produire le son, lequel est un matériel du second degré, appréciable par la hauteur, l'intensité et le timbre. Le son est la première et indispensable condition de la musique. Celle-ci le met en œuvre mélodiquement et harmoniquement; mais ici, nous arrivons à l'œuvre de l'esprit humain, car la nature ne nous donne ni la mélodie ni l'harmonie.

Les successions choisies de sons mesurables, qui forment ce que nous appelons *mélodie*, ne se trouvent nulle part dans la nature, pas même à l'état le plus rudimentaire ; car les résonnances successives qu'on pourrait citer comme phénomènes physiques manquent de proportion intelligible et ne sauraient s'adapter à notre gamme. La mélodie est le « point jaillissant », la vie, la forme première de la musique ; c'est en elle que réside l'origine de toute détermination, de tout sens artistique dans l'œuvre musicale.

Autant qu'elle ignore la mélodie, la nature, cette grande harmonie de tous les phénomènes, est étrangère à l'*harmonie* musicale. Quelqu'un a-t-il entendu dans la nature un accord parfait, un accord de sixte ou de septième ? Comme la mélodie, l'harmonie est une production du génie de l'homme; seulement, son progrès a été beaucoup plus lent que celui de sa sœur aînée.

Les Grecs ne connaissaient pas l'harmonie : ils chantaient à l'octave ou à l'unisson, comme aujourd'hui encore ces peuplades asiatiques chez lesquelles la musique est surtout vocale. L'usage des dissonnances (au nombre desquelles on a compté longtemps la tierce et la sixte) a commencé au xii⁰ siècle, bien timidement d'abord; les intervalles usités aujourd'hui ont été conquis un à un, et il en est qui ont mis plus d'un siècle à obtenir leur droit de cité. Le peuple le plus artiste de l'antiquité et les musiciens les plus savants du commencement du moyen âge ne pouvaient faire ce que font tous les jours nos bergères des Alpes : chanter en tierces. L'harmonie n'a pas

versé sur la musique un complément de lumière : elle l'a illuminée à elle seule. « De cette époque, dit Nägeli, date la
création véritable de toute la musique. »

L'harmonie et la mélodie manquent donc dans la nature. Mais
il y a un troisième élément dans la musique, le support des
deux autres, pour ainsi dire, qui existe avant l'homme et en
dehors de lui : c'est le rhythme. Dans le galop du cheval, dans
le tic-tac du moulin, dans le chant du merle et de la caille,
on découvre aisément la périodicité des fractions du temps.
Le rhythme n'est pas commun à tous les phénomènes sonores de la nature, mais beaucoup le possèdent. C'est alors
la loi du rhythme binaire qui prédomine : élévation et abais-
sement, attraction et répulsion. Ce qui sépare de la musique
humaine ce rhythme de la nature n'est pas difficile à
déterminer. Dans la musique, il n'y a point de rhythme
existant isolément, mais une mélodie et une harmonie
qui s'expriment rhythmiquement ; dans la nature, le rhythme
ne s'applique ni à la mélodie ni à l'harmonie, mais à de simples vibrations aériennes, non mesurables. Unique élément
musical primordial dans la nature, le rhythme est aussi le
premier à s'éveiller chez l'homme ; c'est celui qui se développe
le plus promptement chez l'enfant, chez le sauvage. Quand les
insulaires des mers du Sud frappent en cadence sur des morceaux de métal et des bâtons, en poussant des hurlements,
c'est de la musique *naturelle*, et par conséquent ce n'est pas
de la musique. Mais ce que nous entendons chanter à un paysan
du Tyrol, auquel aucun principe d'art ne paraît avoir été
inculqué, est de la musique *artificielle :* l'homme croit, à la
vérité, « chanter comme le bec lui a poussé » ; mais pour que
ce chant quasi inné soit devenu une possibilité, il a fallu la
germination d'une semence que le sol du pays a élaborée pendant des siècles.

Cette rapide revue des éléments qui servent de base à notre
art nous a montré que ce n'est pas la nature qui a enseigné
la musique à l'homme. L'histoire nous raconte les phases de
perfectionnement qu'a traversées notre système musical avant
d'arriver à son état actuel. Ce n'est pas ici le lieu de les
retracer ; qu'il nous suffise d'en constater le résultat acquis,
à savoir que la mélodie et l'harmonie, que nos intervalles, nos
gammes et nos modes, que le tempérament enfin, sans

lequel notre musique moderne serait impossible, sont des
créations de l'esprit humain, lentement et progressivement
apparues. L'homme n'a reçu de la nature, comme moyens
musicaux inhérents à lui-même, que les organes du chant et
de l'ouïe ; mais son esprit a été doué d'une aptitude spéciale
à se créer petit à petit un système tonal, sur la base des rapports les plus simples ; et ce sont ces rapports simples (accord
parfait, résonnances harmoniques du corps sonore) qui resteront
seuls comme principe immuable de toute édification systéma-
tique ultérieure. — Car il faut se garder de croire que notre
système actuel existe nécessairement dans la nature. Parce
que les naturalistes manipulent aujourd'hui facilement et sans
en avoir conscience les rapports musicaux, comme des forces
qui nous seraient innées et se comprendraient d'elles-mêmes,
il ne s'ensuit point que nos lois tonales soient des lois
naturelles ; c'est tout simplement une conséquence de la dif-
fusion universelle de la culture musicale. Hand remarque avec
raison, à ce sujet, que nos enfants au berceau chantent déjà
mieux que des sauvages adultes. « Si notre système musical,
ajoute-t-il, préexistait dans la nature tel qu'il est, tout homme
serait apte à chanter et chanterait toujours juste (1). »

Lorsqu'on appelle *artificiel* notre système tonal, on n'emploie pas ce mot dans le sens raffiné d'une fabrication arbitraire et conventionnelle. Il exprime seulement la notion
d'une chose *devenue*, et non *créée* telle qu'elle existe.

C'est ce que Hauptmann n'a pas compris, lorsqu'il a affirmé
« l'inanité absolue » de l'idée d'un système musical artificiel, « attendu, dit-il, qu'il a été aussi impossible aux musiciens de déterminer des intervalles et d'imaginer un système
de musique, qu'aux philologues de créer les langues (2). »

---

(1) Hand, *Aesthetik der Tonkunst*, I, 50. On peut citer encore, entre
bien d'autres exemples semblables, celui que rapporte le même
auteur de la gamme des Gaels d'Écosse, semblable à celle des peuples indiens primitifs par l'absence du quatrième et du sixième
degrés : *ut, ré, mi, sol, la, ut.* Chez les Patagons, si développés cor-
porellement, on n'a jamais trouvé trace de musique ni de chant. —
Dans ces derniers temps, Helmholtz a étudié à fond, dans sa *Lehre
von den Tonempfindungen*, la formation de notre système musical, et
il est arrivé à une conclusion tout à fait analogue à la nôtre.
(2) Moritz Hauptmann, *Die Natur der Harmonik und Metrik*, 1853, p. 7.

Or le langage est précisément une chose artificielle dans le même sens que la musique, c'est-à-dire que tous deux existent, non pas originairement dans la nature, mais par transformations et additions successives, et qu'il faut les apprendre par la pratique et l'étude. Ce ne sont pas les philologues, à la vérité, qui créent les langues : mais ce sont les nations. Chaque peuple s'en fait une à l'image de son caractère, et la modifie sans cesse dans le sens du perfectionnement. Pas plus que les philologues, les musicologues n'ont créé; ils ont fixé et établi ce que l'esprit musical universel de leur époque avait imaginé avec une heureuse perspicacité, mais non pas nécessairement et inconsciemment (1). D'où la conclusion que notre système musical se modifiera et s'enrichira certainement encore dans le courant des siècles. Mais il y a de si nombreuses et de si grandes évolutions possibles dans les limites des lois actuelles, qu'un changement complet du système ne saurait se produire d'ici à bien longtemps. Cette modification radicale pourrait provenir, par exemple, de l'émancipation des quarts de ton, dont une artiste a prétendu trouver déjà un avant-goût dans Chopin (2); la théorie de la musique, l'art de la composition et l'esthétique seraient alors à remanier de fond en comble. Personne, au surplus, ne s'aventure à préjuger ce que deviendra notre musique; il suffit de constater, pour le moment, que sa transformation est au nombre des choses possibles.

A notre affirmation qu'il n'y a pas de musique dans la nature, on objectera la richesse et la diversité des voix qui animent si admirablement cette même nature. Le murmure du ruisseau, le clapotement de la vague, le mugissement de l'avalanche et de l'ouragan n'auraient-ils pas été l'occasion et le prototype de la musique humaine ? Les gazouillements, les sifflements, les fracas qui se produisent à tout instant autour

---

(1) Nous sommes ici d'accord avec le résultat des recherches de Jacob Grimm, qui dit, entre autres choses : « Celui qui a acquis la » conviction que le langage est une libre création de l'homme, ne » gardera aucun doute sur l'origine semblable de la poésie et de la » musique. » *Ursprung der Sprache* (Origine du langage), 1852.

(2) Johanna Kinkel, *Acht Briefe über Clavierunterricht* (Huit lettres sur l'enseignement du piano). Stuttgart, Cotta, 1852.

de nous n'auraient-ils rien eu de commun avec notre matière musicale ? — Non, certes. Toutes ces manifestations de la nature sont exclusivement des bruits, c'est-à-dire des vibrations aériennes se succédant à intervalles irréguliers. Ce n'est que rarement, et d'une façon isolée, que la nature émet ce qu'on peut appeler un son, c'est-à-dire le produit de vibrations régulières et mesurables ; et le son est le fondement de toute musique. Les bruits de la nature peuvent bien impressionner fortement ou charmer notre âme : ils ne nous acheminent point à la musique. Le chant des oiseaux lui-même, le plus riche phénomène sonore que nous trouvions dans la nature, n'a rien à voir avec les éléments de notre art, car il n'est pas réductible aux intervalles de nos gammes.

Il faut aussi savoir apprécier à leur juste valeur les harmonies naturelles, qui sont certainement les seules et indestructibles assises sur lesquelles repose l'édifice de notre musique. La série des harmoniques s'établit d'elle-même sur une harpe éolienne à cordes égales ; elle est donc fondée sur une loi de nature. Mais on n'entend jamais le phénomène produit par la nature seule et sans intermédiaire. Le son qui n'est point tiré d'un instrument, qui n'est point fixe et mesurable, ne donne naissance à aucune aliquote : l'homme doit interroger, pour que la nature réponde. Quant à l'écho, son explication est plus simple encore, et nous ne croyons pas nécessaire de nous y arrêter.

C'est une chose remarquable que la persistance avec laquelle les écrivains, même les plus distingués, ont été hantés par cette idée de la « musique dans la nature. » Hand lui-même, que nous avons cité plus haut pour la justesse de ses vues dans cette question si vague et si peu artistique des phénomènes sonores naturels, consacre un chapitre à la « musique dans la nature » ; ces phénomènes, dit-il, peuvent mériter jusqu'à un certain point le nom de musique. Krüger est du même avis (*Beiträge für Leben und Wissenschaft der Tonkunst*, p. 149 et suiv.). Quand il s'agit d'une question de principe, on n'admet rien « jusqu'à un certain point » ; ce dont nous sommes témoins dans la nature *est* ou *n'est pas* de la musique, voilà ce qu'il faut établir nettement. Le critérium, dans ce cas, c'est la mensurabilité du son. Hand insiste partout avec énergie sur « l'animation de l'esprit », sur « l'expression de la vie intérieure, du sentiment intime », sur « la force de l'activité spontanée par laquelle s'exprime au dehors le phénomène interne ». Alors, il faudrait appeler musique le chant des oiseaux, et refuser ce nom à ce que font entendre les instruments mécaniques, comme les horloges à carillon ou les boîtes de Genève ; c'est justement le contraire qui est vrai.

La prétendue musique naturelle et celle de l'homme ont chacune un domaine distinct. Il existe cependant une communication entre les deux : les mathématiques font le pont de la première à la seconde. Le rôle du calcul, sans doute, est important et riche en résultats ; cependant il ne faut pas le faire plus grand qu'il n'est et voir des combinaisons numériques dans tous les arrangements des sons. La coordination s'est faite d'abord inconsciemment, à l'aide des notions primitives de grandeur et de rapport, dont la justesse s'est trouvée plus tard confirmée par la science.

La nature, du reste, n'a fait que le strict nécessaire pour préparer l'éclosion de l'art et lui fournir les moyens de subsister. Elle ne nous donne pas un matériel artistique tout agencé pour former un système musical, mais seulement l'objet brut dont nous devons faire le corps sonore. Ce n'est pas la voix des animaux qui nous est utile, mais leurs intestins ; et l'animal auquel la musique doit le plus n'est pas le rossignol, mais le mouton.

Après ces considérations, qui ne sont qu'une substruction à l'édifice du beau musical, et qu'il était cependant nécessaire de présenter, nous allons monter d'un degré et nous placer sur le terrain esthétique.

Le son mesurable et le système musical sont les outils du compositeur ; il s'en sert pour créer, mais ce n'est pas eux qu'il crée. De même que le bois et le métal n'étaient que le matériel du son, de même le son n'est que le matériel de la musique. A ces deux matériels successifs greffés l'un sur l'autre, nous pouvons encore en ajouter un troisième, le plus élevé et qu'on ne peut guère appeler de ce nom, à vrai dire, que dans un sens figuré : c'est celui qui représente le sujet traité, l'idée exposée. D'où le compositeur le tire-t-il ? d'où une œuvre musicale reçoit-elle le caractère, la signification qui l'individualise et la distingue d'une autre ?

Le matériel de la poésie, celui de la peinture, celui de la sculpture, ont leur source inépuisable dans la nature. Une beauté naturelle quelconque excite l'artiste à créer ; elle devient pour lui, par un certain côté, le matériel de la production.

Dans les arts du dessin, ce qui s'impose avant tout à l'attention, c'est le travail préalable de la nature. Le peintre ne saurait dessiner un arbre ou une fleur s'il n'en a point eu de semblables sous les yeux ; le sculpteur ne peut exécuter une statue sans avoir étudié la forme humaine. Les sujets imaginés rentrent dans les mêmes conditions. C'est par un euphémisme de convention qu'on leur donne ce qualificatif : car un paysage idéal se compose, tout comme celui que le peintre copie, d'arbres, de rochers, de ruisseaux, de nuages. On ne reproduit que ce qu'on a vu et exactement observé ; et cela est vrai pour la peinture de genre et celle d'histoire comme pour le paysage. Quand un artiste, notre contemporain, nous représente Jean Huss, ou Luther, ou Egmont, il n'a évidemment jamais vu son modèle, mais il emprunte à la nature chacun des détails dont l'ensemble constitue la physionomie qu'il prête à ce modèle. S'il n'est pas obligé de l'avoir vu, il faut qu'il ait vu et examiné beaucoup d'hommes, leurs attitudes, leurs mouvements, leur démarche, la manière dont la lumière ou les ombres les enveloppent suivant leur place dans un lieu déterminé. Le plus grand reproche à lui faire serait, non pas l'inexactitude, mais l'impossibilité et le manque de naturel de ses figures.

Nous en dirons autant de la poésie, pour laquelle la nature s'est montrée plus prodigue encore de types et d'images à reproduire. Les hommes et leurs agissements, leurs sentiments, leurs destinées, selon nos observations ou selon la tradition (car celle-ci aussi appartient au poète), sont le matériel offert à l'épopée, à la tragédie, au roman. Le poète ne peut décrire un lever de soleil, une campagne couverte de neige, un état passionnel de l'homme, mettre en scène un paysan, un soldat, un avare, un amoureux, s'il n'en a pas vu et étudié le type dans la nature, ou si son imagination, s'aidant d'une tradition correcte, n'a pas donné à quelqu'un de ces êtres ou de ces phénomènes une existence logique, quoique fictive.

Si maintenant nous plaçons la musique en regard de ces

arts, nous reconnaissons qu'elle ne trouve nulle part un modèle ni une matière pour ses œuvres.

Il n'y a pas de *beau naturel* pour la musique.

La différence, à ce point de vue, entre la musique et les autres arts (dont il faut cependant excepter l'architecture, à laquelle la nature ne fournit aucun type), est profonde et riche en conséquences.

C'est en quelque sorte une copie continuelle que la création du peintre et du poëte, tandis que la nature n'offre rien à copier en musique; elle ne connaît ni sonate, ni ouverture, ni rondo. Elle se révèle tout entière, au contraire, dans la peinture de paysage et de genre, dans l'idylle, dans la tragédie. L'aphorisme aristotélien si rebattu de l'imitation de la nature dans l'art, fort en faveur encore au siècle dernier parmi les philosophes, est apprécié à sa valeur depuis longtemps, et n'a besoin d'aucun nouveau commentaire. L'art graphique n'a pas à imiter servilement la nature; il la *transforme* en la reproduisant. Cette expression montre déjà que l'art doit avoir quelque chose devant lui comme modèle : ce modèle, c'est le beau naturel. Le peintre reçoit d'un paysage attrayant, d'un groupe de personnages et d'objets, d'un poëme, une impression qui lui donne le désir de reproduire artistiquement ce qu'il a vu ou entendu ; de même le poëte, pour un événement historique, pour une action dont il a été témoin ou dont on lui a fait le récit. Mais le musicien, devant quel spectacle de la nature, devant quel fait pourra-t-il s'écrier : « Voilà un modèle magnifique pour une ouverture, une symphonie ? » Le compositeur ne peut pas transformer, il crée de toutes pièces. Ce que le peintre et le poëte trouvent dans la contemplation de la nature, le compositeur doit l'élaborer en lui-même. Il faut qu'il attende l'heure propice à l'inspiration, le moment où ce qui sera son œuvre commence à chanter au dedans de lui; il se recueille alors et concentre toutes ses facultés sur la création qu'il tire de son propre fonds, qui n'a point d'analogue dans la nature, et dont on peut dire par conséquent, à la différence des productions des autres arts, qu'elle n'est point de ce monde.

Nous n'obéissons à aucune arrière-pensée partiale en donnant une place à l'homme dans le beau naturel qui sert de modèle au peintre et au poëte, et en nous abstenant de faire entrer en ligne de compte, pour le musicien, les chants populaires, sans préparation et sans art, sortis pourtant des poitrines humaines. C'est que le pâtre qui chante n'est pas *objet* dans l'art, mais bien *sujet*. Si sa chanson est composée de sons mesurables, réguliers, bien que fort simples, elle n'en est pas moins un produit de l'esprit, que ce soit le pâtre ou Beethoven qui l'ait composée.

Donc, quand un compositeur utilise des mélodies nationales, il n'a nullement recours au beau naturel. Ces mélodies, à une époque quelconque, ont eu un auteur; et d'où l'auteur les a-t-il tirées? la nature lui en a-t-elle fourni le modèle? C'est là la question, telle qu'elle doit se poser; et on ne peut y répondre que négativement. Le chant populaire n'a point d'élément esthétique préexistant, il n'est pas le beau naturel, mais le premier degré d'un art qu'on pourrait appeler « l'art naïf ». Il n'est pas plus un type de la nature pour la musique, que les soldats et les fleurs gauchement esquissés au charbon sur les murs des corps-de-garde ou sur les planches des guérites ne sont un modèle pour la peinture. Bonshommes de guérite et airs primitifs de berger sont des produits, grossiers à la vérité, de l'esprit humain : avec cette différence que les premiers ont déjà un modèle dans la nature, tandis que pour le type des seconds, on ne peut remonter au delà d'eux-mêmes.

Par une confusion de termes très-fréquente, quand il s'agit de musique, on prend le mot « matière » dans un sens trop élevé; on dit que Beethoven a écrit un *Egmont*, Berlioz un *Roi Lear*, Mendelssohn une *Mélusine*, substituant ainsi le musicien au poëte, ou du moins admettant que la légende traitée par ce dernier a fourni au musicien la même matière qu'à lui. C'est une grande erreur. Le poëte a réellement trouvé, dans le sujet qu'il dramatise, un modèle et un matériel; ce même sujet ne sert au musicien que d'excitation poétique. Pour le musicien, le beau naturel devrait être perceptible à l'ouïe, comme il est visible pour le peintre, tangible pour le sculpteur. Ni la figure d'Egmont, ni ses actions, ni ses sentiments ne peuvent être le sujet de l'ouverture de Beethoven, comme ils sont celui du drame ou du tableau dont Egmont est le héros. L'ouverture contient uniquement des combinaisons sonores, librement imaginées par le compositeur dans la limite des lois de la pensée musicale; combinaisons d'ailleurs complétement indépendantes, en elles-mêmes, de l'idée poétique de l'artiste. Cette relation est tellement arbitraire et contingente, que jamais un auditeur de l'œuvre musicale ne soupçonnerait à quel sujet occasionnel elle se rapporte, si l'auteur n'avait pris soin de donner, au moyen du titre, une direction à notre imagination. La grandiose ouverture de Berlioz n'exprime pas plus l'idée du roi Lear que ne pourrait le faire une valse de Strauss. On ne saurait trop insister là-dessus, car il est peu de sujets que l'erreur dénature aussi souvent. Au premier abord, il semble ridicule de parler de valses quand il s'agit du roi Lear, tandis que la composition de Berlioz paraît répondre parfaitement à l'idée du drame. Mais on oublie que la comparaison du sujet avec ces deux genres de musique n'a aucune raison nécessaire de se produire, et que, en ce qui concerne l'œuvre de Berlioz, elle n'existe que par la volonté de l'auteur. Lorsqu'un titre nous oblige à comparer la composition qui le porte avec une idée qui est en dehors d'elle, il nous faut employer pour l'apprécier un critérium spécial, qui n'est plus le critérium purement musical.

On sera peut-être fondé à dire que l'ouverture de *Prométhée*, de Beethoven, manque de la grandeur que comporte le sujet. Mais la critique purement musicale n'a point de prise sur elle ; personne ne peut y montrer une lacune ou une maladresse de composition. Elle est parfaite, parce qu'elle remplit complétement son but musical. Réaliser musicalement l'idée poétique qu'on y attache est une tout autre affaire. La connexion entre l'idée externe et la composition commence et finit avec le titre ; de plus, elle ne s'appuie que sur certaines qualités ou conditions générales, s'appropriant facilement à des circonstances assez diverses : elle ne demande autre chose qu'une musique gracieuse, ou noble, ou triste, ou joyeuse, ou débutant par une exposition simple et calme pour atteindre ensuite au *summum* de l'expression passionnée, etc. Dans la poésie ou la peinture, au contraire, la matière employée par l'artiste implique la nécessité d'une individualité concrète et bien définie, et non de simples qualités. C'est pourquoi il serait fort admissible que l'ouverture d'*Egmont* s'appliquât également à un *Guillaume Tell* ou à une *Jeanne d'Arc* ; mais le drame ou le tableau ayant Egmont pour sujet admettra tout au plus une substitution d'individu, à la condition expresse que les circonstances resteront les mêmes.

On voit par quel lien étroit le rapport de la musique au beau naturel se rattache à la question complète de son *contenu*.

Le beau naturel est encore revendiqué souvent pour la musique, sous l'autorité des exemples que peuvent fournir quelques œuvres des maîtres, et qui prouvent que certains compositeurs ont voulu emprunter à la nature non seulement un motif poétique, mais encore des phénomènes matériels : le chant du coq dans *les Saisons* de Haydn, ceux du coucou, du rossignol et de la caille dans la *Consécration de la musique* de Spohr et dans la *Symphonie pastorale* de Beethoven. Or, quoique ces imitations soient entendues dans une œuvre musicale, leur emploi n'a absolument rien de musical ; il est tout poétique. Le chant du coq ne nous est point présenté comme de belle musique, ni même comme de la musique ; le compositeur a seulement cherché à rappeler l'impression que produit ordinairement sur nous le phénomène qu'il imite. « J'ai *vu*, ou peu s'en faut, la *Création* de Haydn », écrit Jean-Paul, aveugle, dans une lettre à Thiériot, après avoir assisté à une exécution de cette œuvre. Les impressions familières à nos sens nous sont remémorées par quelques phrases ou indications usuelles : « Le jour se lève ; tiède nuit d'été ; printemps..., » En dehors de cette intention descriptive, un compositeur n'a jamais pu employer les voix de la nature à un but réellement musical. Toutes les voix de la nature réunies ensemble n'arriveraient pas à faire une mélodie, parce qu'elles ne sont pas de la musique ; et n'est-il pas bien digne de remarque que la musique ne puisse utiliser la nature qu'en empiétant, et d'une façon assez ridicule, sur le domaine de la peinture ?

# CHAPITRE VII

## LA FORME ET LE FOND DANS LA MUSIQUE

La musique peut-elle avoir un sujet, un fond, un contenu (*inhalt*)?

Telle est la question brûlante qui s'impose à nous, depuis qu'on s'est habitué à réfléchir sur l'art musical. On l'a résolue dans l'un et dans l'autre sens. La négative a pour elle des opinions considérables, appartenant presque toutes à des philosophes : J.-J. Rousseau, Kant, Hegel, Herbart (1), Kahlert, etc. Parmi les physiologistes qui l'ont appuyée de leurs découvertes et de leur raisonnement, nous citerons comme faisant plus particulièrement autorité, par leur savoir musical, Loize et Helmholtz. Les combattants de l'autre camp sont de beaucoup les plus nombreux ; c'est la presque totalité des musiciens-écrivains, entraînant à leur suite le gros du public.

Il peut paraître singulier que ceux qui, par état, ont charge de déterminer les fonctions techniques de la musique n'aient pas su se dégager d'une erreur de principe qui contrarie la marche de ces fonctions, et qu'on pouvait, à la rigueur, pardon-

---

(1) Adoptant les idées de Herbart, Robert Zimmermann a donné tout son développement au grand principe esthétique de la forme, en l'étendant à tous les arts, dans son ouvrage intitulé : *Die allgemeine Aesthetik als Formwissenschaft* (l'Esthétique générale considérée comme science de la forme) ; Vienne, 1865.

ner aux philosophes, absorbés dans les idées abstraites. C'est que ces préoccupations de beaucoup de musicologues portent plutôt sur ce qu'ils croient être l'honneur de leur art que sur la vérité. Dans la lutte qu'ils soutiennent, ils ne défendent pas une opinion contre une autre, mais, à leur sens, le dogme contre l'hérésie, la vraie foi spiritualiste contre un matérialisme sacrilège et grossier. — « Comment! s'écrient-ils, l'art qui élève et enthousiasme nos âmes, auquel tant de nobles esprits se sont consacrés tout entiers, qui peut être mis au service des plus hautes idées, serait l'objet d'une pareille malédiction, un simple jeu des sens, une sonorité vide! » Ces exclamations, qu'on met volontiers en périodes cadencées deux à deux, bien que les phrases ne s'y correspondent guère, ne contredisent rien et ne prouvent rien. Il ne s'agit pas ici d'un point d'honneur, d'une enseigne de parti, mais de la recherche du vrai, qui exige avant tout, pour être fructueuse, qu'on s'entende sur le sens des mots.

La facilité avec laquelle les notions de *contenu*, de *sujet*, de *matière*, sont prises les unes pour les autres, est la cause des obscurités qui enveloppent encore la question : tantôt une même idée est exprimée indûment par des mots différents, tantôt un seul mot sert à rendre des idées diverses. Le *contenu* d'une chose, au sens propre et originaire du mot, c'est ce qu'elle renferme ; les sons qui composent un morceau de musique, parties dont la réunion forme le tout musical, sont donc rigoureusement le contenu de ce morceau. Si personne ne se contente de cette définition, si on la repousse comme trop évidente et inutile, c'est parce qu'on confond le *contenu* avec le *sujet* ; en parlant du premier, c'est le second qu'on a dans l'esprit et qu'on oppose alors comme idéal au but spirituel de l'œuvre, aux parties matérielles qui constituent techniquement celle-ci. La musique n'a réellement pas de contenu dans ce sens, pas plus que de *matière* dans le sens de « sujet traité ». — Kahlert insiste fortement et avec raison sur ce fait que la musique ne se décrit pas avec des mots, comme la peinture (*Aesthetik*, 380). Il se trompe toutefois quand il admet ensuite que la description est suffisante, dans certains cas, pour suppléer à la jouissance artistique ; elle peut aider à la compréhension du sujet, et c'est tout. Lorsqu'on demande de quelle nature est le contenu d'une œuvre musicale, la

réponse devrait pouvoir être donnée en paroles, si la musique
avait réellement un contenu ou un sujet. Le sujet, tel qu'on
l'entend, serait donc indéterminé: chacun pourrait se le figurer
à sa manière; il se prêterait à être senti, mais non exprimé
par des mots. Or, qui ne voit que c'est là un non-sens, et
qu'un sujet indéterminé n'est pas un sujet?

La musique se compose de combinaisons et de formes
sonores qui n'ont d'autre sujet qu'elles-mêmes. Une comparaison se présente encore ici avec l'architecture et la danse,
où nous trouvons également des éléments et des rapports de
beauté sans objet défini. Chacun peut apprécier et caractériser, suivant son tempérament, l'effet qu'il a ressenti à
l'audition d'une œuvre; il n'en est pas moins certain que le
contenu réel du morceau se borne aux formes sonores entendues. Non-seulement la musique ne parle que par l'intermédiaire des sons, mais encore elle ne produit autre chose que
des sons.

Krüger, le vaillant et habile champion du sujet et du contenu
en musique contre Hegel et Kahlert, prétend que le rôle de la
musique est de nous montrer seulement un côté du sujet, que
les autres arts, comme la peinture, par exemple, peuvent mettre
en lumière tout entier. « Toute forme plastique, dit-il (*Beiträge*,
» 131), est privée de mouvement; elle n'influe point sur nous
» par l'action présente, et se borne à représenter l'action pas-
» sée, ou bien encore ce qui existe sans action. Un tableau ne
» nous montre donc pas Apollon vainquant, mais Apollon vain-
» queur, Apollon lutteur irrité, etc... La musique donne le
» verbe à ce substantif plastique, la vie à cette immobilité ;
» quand nous avons reconnu dans la peinture son sujet inerte,
» l'idée seule de *colère*, *d'amour*, nous en trouvons le complé-
» ment dans le sujet agissant de la musique, qui *s'irrite*, *aime*,
» *murmure*, *ondoie*, *gronde*. » Ce dernier membre de phrase
n'est vrai qu'à moitié : la musique peut *murmurer*, *ondoyer* et
*gronder*, mais non pas *s'irriter* ni *aimer*. Qu'on veuille bien se
reporter à notre second chapitre. — Krüger poursuit son raisonnement en continuant de placer le « sujet défini » de l'œuvre musicale à côté de celui de l'œuvre peinte. « Ce tableau nous repré-
» sente Oreste poursuivi par les Furies; à la pose de son corps
» exténué, à ses traits déformés, à son visage décomposé, on re-
» connaît le fugitif en proie aux remords et au désespoir; les

» Furies qui le dominent et l'obsèdent sont aussi clairement
» désignées par leur forme et leur aspect. Mais tout cela est
» la simple indication d'un état; tout cela ne se meut pas. Le
» musicien vient maintenant modifier l'œuvre, par un côté
» interdit au peintre; il ne montre pas Oreste dans une forme
» immuable et immobile, mais le dépeint par les frémisse-
» ments et les angoisses de son âme, etc. » C'est ici le point
vulnérable de l'argumentation de Krüger : le musicien ne dépeint pas Oreste de telle manière plutôt que de telle autre, car
il ne peut pas le dépeindre du tout.

On dira peut-être que les arts du dessin ne sont pas
aptes non plus à représenter un personnage historique, et qu'il
nous serait impossible d'identifier à ce personnage la figure
d'un tableau si le fait historique ne nous était connu. A la
vérité, ce n'est pas Oreste, l'homme qui a accompli tel ou tel
acte, subi telle ou telle persécution, que nous voyons sur la
toile : le poëte seul a la faculté de peindre avec cette précision, parce qu'il peut raconter. Mais le tableau offre à nos
yeux, d'une manière évidente, un jeune homme d'apparence
distinguée, vêtu à la grecque, et dont les traits et l'attitude
indiquent la douleur; il nous montre les redoutables figures
des déesses de la vengeance, qui le poursuivent et le tortu-
rent. Tout cela est clair, indubitable, on ne saurait s'y trom-
per, que l'homme s'appelle Oreste ou autrement. Le motif seul
de ces tourments et de cette persécution, c'est-à-dire le par-
ricide et ses circonstances, n'est pas exprimable dans la scène
peinte. Maintenant, que peut mettre la musique en regard de
ce sujet visible du tableau (abstraction faite de son côté historique)? Des accords de septième diminuée, des motifs en mode
mineur, des basses agitées, etc.; c'est-à-dire des formes musicales qui s'appliqueraient aussi bien à une femme qu'à un
jeune homme, à la poursuite d'un agent de police qu'à celle
des Furies, aux tourments de la jalousie, aux ardeurs de la
vengeance, aux souffrances de la maladie qu'aux tortures du
remords, si l'on veut à toute force que le morceau de musique
ait une signification précise.

Il est superflu, ce nous semble, de répéter ici les arguments à l'aide desquels nous avons établi que, lorsqu'il est
question de l'aptitude attribuée à la musique de contenir et
d'exprimer un sujet, il faut sortir du domaine de la musique

pure, de la musique instrumentale. Nous espérons qu'on n'aura
pas assez oublié la démonstration pour nous objecter l'Oreste
de l'*Iphigénie* de Gluck. Cet Oreste, ce n'est pas le compositeur
qui le présente au spectateur : les paroles du livret, le jeu,
la mimique et le costume de l'acteur, les décorations du peintre sont les seules données à l'aide desquelles le fils de Cly-
temnestre puisse nous être réellement rappelé. La part du
musicien dans l'œuvre dramatique est peut-être la plus belle,
mais elle consiste justement, quant à la caractéristique d'O-
reste, dans la seule chose étrangère à la vérité du personnage : le chant.

Lessing a déterminé avec une admirable clarté ce que le
poëte, d'un côté, le peintre ou le sculpteur, de l'autre, peuvent faire de l'épisode de Laocoon. Le poëte, fort de la précision du langage, nous montrera le véritable Laocoon, celui que
l'histoire ou la légende nous a transmis, tandis que la toile ou
le marbre offriront seulement à nos yeux un homme et deux
enfants, dans certaines conditions de costume, de type, d'âge,
enserrés dans les replis d'un énorme serpent, et dont l'attitude
et les traits expriment une indicible souffrance et font deviner
les approches de la mort. Lessing ne parle pas du musicien.
Qu'aurait-il pu dire ? Un musicien n'a rien à tirer d'un pareil
sujet.

Nous avons déjà dit quelle connexion étroite existe entre la
question du *sujet* dans la musique et le rapport de celle-ci au
*beau naturel*. Le musicien n'a point, pour ses créations, les
modèles que la nature a prodigués aux autres arts, en raison
du caractère défini que peuvent toujours avoir les sujets qu'ils
traitent. Un art qui n'a rien de commun avec le beau naturel
est, à proprement parler, immatériel ; par conséquent, le type
de sa forme sensible manque à l'ensemble de nos notions. Ne
rappelant aucun objet ou modèle de beauté déjà connu, ce type
ne peut être ni nommé, ni classé.

Il n'y a lieu de parler du *sujet* ou du *fond* d'une œuvre d'art
que quand on a une *forme* à y faire correspondre. Ces deux idées
s'appellent et se complètent l'une l'autre. Là où la pensée
n'aperçoit pas une forme séparable du fond, ce dernier ne
peut pas exister par lui-même. Ceci soit dit pour les arts en
général ; mais dans la musique, nous voyons le fond et la
forme, la matière et le travail, l'image et l'idée fondus ensemble,

dans une unité parfaite, liés en un faisceau dont les attaches restent invisibles. La musique est par là en opposition bien tranchée avec la poésie et les arts du dessin, qui peuvent servir, l'un après l'autre, à diversifier la forme d'une même pensée, d'un même fait. De l'histoire de Guillaume Tell, Florian a fait un roman, Schiller un drame, Gœthe une épopée qui est restée inachevée. Le sujet est le même partout, pouvant se résumer en prose sans se modifier le moins du monde, facilement racontable et reconnaissable : mais la forme varie. Vénus sortant de l'onde a servi de sujet à d'innombrables peintures, sculptures et ciselures, qui ne se confondent cependant point entre elles, parce que leurs formes sont différentes. En musique, il n'y a pas de fond mis en regard de la forme, parce qu'il n'y a pas de forme en dehors du fond.

Examinons celui-ci d'un peu plus près.

La pensée musicale une, indépendante, réduite esthétiquement à ses moindres termes, c'est le thème d'une composition musicale quelconque. Lorsqu'on assigne certains attributs, certaines facultés d'expression et de détermination à la musique, il faudrait toujours pouvoir en démontrer l'existence dans le thème, ce microcosme musical. Voici un motif, le premier venu : quel en est le fond ? quelle en est la forme ? où commence celle-ci ? où finit celui-là ? Nous espérons avoir démontré qu'un sentiment ne peut servir de sujet à une œuvre ou à une phrase musicale, et nos arguments ne peuvent que recevoir une nouvelle force du cas présent comme de tout autre s'y rapportant. A quoi donc donnera-t-on le nom de *fond*? Aux sons eux-mêmes? Sans doute; mais ils ont déjà reçu une forme. Et qu'appellera-t-on *forme*? Encore les sons; mais ils sont une forme déjà remplie, c'est-à-dire ayant un contenu, un fond.

Toute tentative pratique de séparer dans un thème la forme du fond aboutit à la contradiction ou à l'arbitraire. Prenons un exemple. Quand un motif passe à un autre instrument ou est répété à une autre octave, est-ce son fond ou sa forme qui change? Si l'on répond, comme presque toujours lorsqu'une pareille question est faite, que c'est la forme, alors il ne reste comme fond que la série d'intervalles, les notes telles qu'elles apparaissent à l'œil sur la partition. Mais est-ce là quelque chose de précis, de déterminant, de concret? Non certes, mais bien une pure abstraction. La comparaison suivante donnera une plus juste idée de la chose. Lorsqu'on regarde à travers des vitraux colorés et que le même objet paraît successivement bleu, rouge, jaune ou vert, l'objet ne change ni de forme ni de nature, mais seulement de couleur, pour l'observateur. Ces variations superficielles sur les mêmes formes, dont elles modifient l'aspect depuis le contraste le plus criard jusqu'aux nuances les plus fines, sont très-fréquentes dans la musique et tout à fait spéciales à cet art : elles constituent une des sources les plus riches et les plus précieuses de son pouvoir.

On ne saurait dire qu'une mélodie écrite originairement pour le piano, orchestrée plus tard par un autre musicien, reçoive de lui la forme, car elle était déjà une pensée musicale formée; il lui donne une *nouvelle* forme. On est encore moins fondé à prétendre qu'un thème, lorsqu'il est transposé, modifie sa substance ou son fond et garde sa forme ; la contradiction, ici, devient double, et l'auditeur peut répondre immédiatement qu'il reconnaît le sujet (le fond), conservé dans sa mémoire, et qui a seulement changé de sonorité.

C'est surtout à propos des compositions entières et d'une certaine étendue qu'on s'est habitué à parler de forme et de fond. On emploie ces mots non plus dans leur sens primitif et lexicologique, mais en leur attribuant une signification spéciale, toute musicale. La forme d'une symphonie, d'une ouverture, d'une sonate, dans ce langage conventionnel, c'est l'architecture de l'œuvre, l'ordonnance et le groupement de ses parties isolées, leur symétrie et leurs contrastes, les retours ingénieux des motifs et des dessins, le développement en un mot. Le fond, ce sont les thèmes servant de base à cette architecture. Il n'est plus question alors de sujet (moral) exprimé par les sons et contenu dans l'œuvre : le sens artistique et convenu des mots a remplacé leur sens logique. Pour que ce dernier s'applique rigoureusement à la musique, ce n'est pas dans la composition entière et coordonnée qu'il faut le considérer, mais dans la racine, dans le germe esthétiquement indivisible de l'œuvre, c'est-à-dire dans son thème ou ses thèmes : seulement, on y trouve la forme et le fond dans une union tellement intime, qu'il est impossible de les séparer, quelle que soit la signification qu'on leur donne. Le seul moyen de montrer le fond d'un motif, c'est de jouer ce motif lui-même.

La composition étant régie par des lois formelles de beauté, son développement ne s'improvise pas sans plan et à l'aventure ; il s'épanouit régulièrement et progressivement, comme la riche gerbe de fleurs qui s'élance d'une seule tige. Cette tige, c'est le principal thème, véritable substance de l'œuvre musicale. Tout dérive de lui, tout reconnaît sa domination ; il est comme l'axiome se suffisant à lui-même, qui nous satisfait bien tout seul, mais que notre esprit désire voir discuté et développé. Le compositeur traite son thème principal à la manière d'un héros de roman, le faisant intervenir dans les situations les plus diverses, maintenant par lui et pour lui l'harmonie dans toutes les parties secondaires, si étrangères qu'elles puissent paraître tout d'abord à son allure et à sa physionomie.

Nous dirons, en conséquence, que le fond manque dans cette très-libre façon de préluder, où le virtuose, se reposant plutôt qu'il ne crée, délaie sa fantaisie du moment dans des suites d'accords, d'arpéges ou de rosalies, sans donner la vie à une véritable pensée artistique. Il n'y a point d'individualité reconnaissable dans ces préludes : ils n'ont pas de fond, parce qu'ils n'ont pas de thème.

L'esthétique et la critique n'ont jamais guère reconnu toute l'importance du thème principal d'une composition. Le thème seul révèle déjà la trempe de l'esprit qui a élaboré l'œuvre entière. Quand un Beethoven commence l'ouverture de *Léonore*, ou un Mendelssohn celle de *la Grotte de Fingal*, le musicien voit immédiatement à qui il a affaire, et il pressent un travail digne de toute son attention. Si c'est le motif de l'ouverture de *Fausta*, de Donizetti, ou de celle de *Luisa Miller*, de Verdi, nous n'aurons pas besoin d'en entendre plus long pour savoir que nous sommes au cabaret. En Allemagne, la théorie et la pratique accordent une valeur exagérée au développement musical, en diminuant d'autant celle des thèmes. Cependant, tout ce qui n'est pas dans le thème, soit en évidence, soit à l'état latent, ne peut pas être développé organiquement plus tard ; et si notre époque ne produit plus d'œuvres orchestrales comparables à celles de Beethoven, ce n'est pas à l'inhabileté des compositeurs, à l'insuffisance de leur science qu'il faut s'en prendre, mais bien plutôt à la faiblesse symphonique et à la stérilité de leurs mélodies.

En traitant la question du *sujet* dans la musique, il faut se garder de prendre le mot dans un sens élogieux. De ce qu'une œuvre, par exemple, n'a pas de sujet, il ne s'ensuit nullement qu'elle n'ait pas de valeur, de mérite spirituel intrinsèque. C'est ce genre de mérite qu'ont certainement en vue, sans s'en rendre bien compte, la plupart de ceux qui revendiquent pour la musique, avec un véritable zèle de partisans, la faculté d'avoir et d'exprimer un sujet. Pensées et sentiments coulent comme un sang généreux dans les veines du corps musical ; elles ne sont pas le corps lui-même, elles ne sont pas même visibles en lui, mais elles lui donnent la vie et le mouvement. Le compositeur crée poétiquement et pense ; mais il ne crée et ne pense qu'en musique, et en dehors de tout sujet et de toute réalité morale ou physique. Il nous faut bien répéter ici encore ce lieu commun, car ceux-là mêmes qui l'admettent en principe en nient ou en altèrent trop souvent les conséquences. Pour eux, malgré le point de départ adopté, la composition est encore la traduction musicale d'un sujet choisi et médité. Ils ne réfléchissent pas que les sons eux-mêmes sont un langage primordial qui ne se prête pas plus à traduire qu'à être traduit, et que, si le compositeur ne peut penser que musicalement, la musique ne saurait avoir de sujet, puisque tout sujet accessible à l'intelligence doit pouvoir être rendu par des mots.

Autant l'exclusion de toute musique écrite sur un texte, en tant que contraire à la notion de l'art pur, nous a paru nécessaire dans cette étude du *contenu* ou *sujet*, autant les chefs-d'œuvre de l'art vocal sont indispensables à une juste appréciation de la valeur intrinsèque de la musique. Le chant à tous ses degrés, depuis le simple *lied* jusqu'à l'opéra le plus magnifique, jusqu'à la plus pompeuse célébration musicale des fêtes du culte, n'a jamais cessé d'être associé aux plus grandes et aux plus sympathiques manifestations de l'esprit humain, de les embellir et de les glorifier.

Mais la valeur intrinsèque d'une œuvre musicale n'est pas son seul titre esthétique. Quoique la musique ait une beauté toute de forme, quoiqu'elle soit le seul art inapte à renfermer un sujet, ses créations peuvent fort bien recevoir un caractère très-prononcé d'individualité. La nature de l'idée musicale, celle du travail artistique sont choses si spéciales, qu'il est impossible qu'elles aillent jamais se confondre et s'effacer dans une sorte d'universalité supérieure à elles. Un motif de Mozart, de Beethoven s'appartient aussi bien à lui-même, a son individualité aussi certaine qu'un vers de Gœthe, un jugement critique de Lessing, une statue de Thorwaldsen, un tableau d'Overbeck. Les pensées musicales indépendantes, c'est-à-dire les thèmes, ont toute la sûreté d'une citation et toute la visibilité d'un tableau ; elles sont individuelles, personnelles, éternelles.

Aussi, en désaccord une fois déjà avec Hegel quant à la portée esthétique de la musique, nous le trouvons plus illogique encore lorsqu'il borne l'action de cet art à « l'expression de la partie non individuelle de ce qui est en nous ». La négation de l'individualité dans la musique ne saurait se soutenir, même en admettant le point de départ de Hegel, qui laisse de côté le rôle objectif considérable du compositeur agissant sur un matériel qui n'est point en lui, et ne voit dans la musique qu'une libre manifestation de la subjectivité : l'esprit produisant subjectivement n'apparaît-il pas aussi comme essentiellement individuel?

Nous avons dit, au chapitre III, comment l'individualité se révèle dans le choix et dans le travail des divers éléments musicaux.

En terminant et pour nous résumer, nous répondrons à ceux qui seraient encore disposés à faire un reproche à la musique de n'avoir pas de *sujet* ou de *contenu*, qu'elle en a réellement un, mais de nature toute musicale, c'est-à-dire qu'elle le prend en elle, dans sa propre essence; c'est une étincelle du feu divin, aussi puissante, aussi vivifiante que celle qui produit le beau dans tous les autres arts. Les sentiments, définis ou indéfinis, n'ont pas la moindre part à y réclamer : la musique n'existe que par la libre action de l'esprit humain sur un matériel spécial, et rien d'étranger à elle-même ne doit entrer dans l'étude de son esthétique.

FIN.

# TABLE




IMPRIMERIE CENTRALE DES CHEMINS DE FER. — A. CHAIX ET C^ie,
RUE BERGÈRE, 20, A PARIS. — 9226-7.